Le Delizie Della Pasticceria
Dolci Creazioni Per Ogni Occasione

Chiara Bianchi

CONTENUTI

Torta al caffè 12

Torta streusel al caffè 13

Torta contadina 14

Pan di zenzero americano con salsa al limone 15

Pan di zenzero al caffè 17

Torta alla crema allo zenzero 18

Torta allo zenzero di Liverpool 19

Pan di zenzero di farina d'avena 20

Pan di zenzero appiccicoso 22

Pan di zenzero integrale 23

Torta al miele e mandorle 24

Torta con glassa al limone 25

Anello da tè freddo 26

Torta Lardo 28

Torta dolce al cumino 29

Torta marmorizzata 30

Torta a strati del Lincolnshire 31

Una pagnotta 32

Torta alla marmellata 33

Torta al papavero 34

Torta allo yogurt semplice 35

Torta alle prugne e al budino 36

Torta waffle ai lamponi con glassa al cioccolato 38

Torta di sabbia 39

Torta Di Semi	40
Ciambellone speziato	41
Torta a strati piccante	42
Torta con zucchero e cannella	43
Torta da tè vittoriana	44
Torta alla frutta tutto in uno	45
Torta alla frutta in padella tutto in uno	46
Torta alla frutta australiana	47
Torta ricca americana	48
Torta alla frutta alla carruba	50
Torta alla frutta al caffè	51
Torta pesante della Cornovaglia	53
Torta al ribes	54
Torta ai frutti scuri	55
Torta taglia-e-vieni	57
Torta Dundee	58
Torta alla frutta notturna senza uova	59
Torta alla frutta impeccabile	60
Torta Di Frutta Allo Zenzero	62
Torta alla frutta e miele della fattoria	63
Torta genovese	64
Torta glassata alla frutta	66
Torta alla frutta con Guinness	67
Torta di carne macinata	68
Torta di frutta all'avena e albicocca	69
Torta alla frutta notturna	70
Torta con uvetta e spezie	71

Torta Richmond 72
Torta alla frutta allo zafferano 73
Torta alla frutta soda 74
Torta veloce alla frutta 75
Torta alla frutta con tè caldo 76
Torta fredda alla frutta e tè 77
Torta alla frutta senza zucchero 78
Piccole torte alla frutta 79
Torta di frutta con aceto 80
Torta al whisky della Virginia 81
Torta alla frutta gallese 82
Torta alla frutta bianca 83
torta di mele 84
Torta di mele speziata con copertura croccante 85
Torta di mele americana 86
Torta con purea di mele 87
Torta al sidro di mele 88
Torta di mele e cannella 89
Torta di mele spagnola 90
Torta di mele e uva sultanina 92
Torta di mele rovesciata 93
Torta di albicocche 94
Torta di albicocche e zenzero 95
Torta di albicocche sporca 96
Torta alla banana 97
Torta alle banane con superficie croccante 98
Spugna di banane 99

Torta alla banana ad alto contenuto di fibre 100

Torta banane e limone 101

Frullatore Torta al cioccolato e banane 102

Torta di banane e arachidi 103

Torta tutto in uno con banane e uvetta 104

Torta con banane e whisky 105

Torta di mirtilli 106

Torta savoiarda alle ciliegie 107

Torta alle ciliegie e cocco 108

Torta di ciliegie e uva sultanina 109

Torta ghiacciata alle ciliegie e noci 110

Torta Damson 111

Torta di datteri e noci 112

Torta al limone 113

Torta all'arancia e mandorle 114

Torta d'avena 115

Torta al mandarino opaco al mandarino 116

Torta alle arance 117

Torta di Pesche 118

Torta Arancia e Marsala 119

Torta di pesche e pere 120

Torta umida all'ananas 121

Torta di ananas e ciliegie 122

Torta all'ananas del Natale 123

Ananas sottosopra 124

Torta di ananas e noci 125

Torta di lamponi 126

Tortino al Rabarbaro 127
Biscotto al miele e rabarbaro 128
Torta di barbabietole 129
Torta di carote e banane 130
Torta di carote e mele 131
Torta con carote e cannella 132
Torta di carote e zucchine 133
Torta di carote e zenzero 134
Torta di carote e noci 135
Torta di carote, arance e noci 136
Torta di carote, ananas e cocco 137
Torta di carote e pistacchio 138
Torta di carote e noci 139
Torta di carote speziata 140
Torta di carote e zucchero di canna 142
Torta di zucchine e zucchine 143
Torta di zucchine e arancia 144
Torta di zucchine speziata 145
Torta di zucca 147
Torta Di Zucca Alla Frutta 148
Rotolo di zucca speziato 149
Torta al rabarbaro e miele 151
Tortino di patate dolci 152
Torta di mandorle italiana 154
Torta alle mandorle e caffè 155
Torta di mandorle e miele 156
Torta di mandorle e limone 157

Torta di mandorle all'arancia 158

Ricca torta di mandorle.. 159

Torta macaron svedese 160

Pane al cocco.. 161

Torta al cocco 162

Torta dorata al cocco 163

Torta con strato di cocco 164

Torta al cocco e limone 165

Torta di Capodanno al cocco... 166

Torta al cocco e uva sultanina... 167

Torta alle noci con copertura croccante 168

Torta mista di noci 169

Torta greca alle noci... 170

Torta ghiacciata alle noci 171

Torta alle noci con crema al cioccolato.. 172

Torta alle noci con miele e cannella... 173

Barrette di mandorle e miele... 174

Barrette di mela e ribes nero 176

Barrette di albicocca e avena.. 177

Patatine all'albicocca... 178

Barrette di banane alla nocciola 179

Biscotti americani... 180

Biscotti al cioccolato 181

Brownies alle noci e cioccolato 182

Bastoncini di burro... 183

Vassoio al caramello alle ciliegie 184

Vassoio con gocce di cioccolato.. 185

Strato di crumble alla cannella ... 186
Bastoncini di cannella appiccicosi ... 187
Barrette al cocco ... 188
Bastoncini di sandwich con cocco e marmellata ... 189
Vassoio di datteri e mele ... 190
Tagli di data ... 191
I biglietti per gli appuntamenti della nonna ... 192
Datteri e barrette d'avena ... 193
Bastoncini di dattero e noce ... 194
Bastoncini di fico ... 195
Flapjack ... 196
Flapjack alla ciliegia ... 197
Frittelle al cioccolato ... 198
Torta della dodicesima notte ... 199
Torta di mele al microonde ... 200
Torta di mele al microonde ... 201
Torta di mele e noci al microonde ... 202
Torta di carote al microonde ... 203
Torta al microonde con carote, ananas e noci ... 204
Crusca stagionata nel microonde ... 206
Cheesecake con banana e frutto della passione al microonde ... 207
Cheesecake all'arancia cotta nel microonde ... 208
Cheesecake all'ananas al microonde ... 209
Pane alle ciliegie e noci al microonde ... 210
Torta al cioccolato dal microonde ... 211
Torta al cioccolato e mandorle per il forno a microonde ... 212
Brownies al doppio cioccolato per il microonde ... 214

Barrette di cioccolato e datteri per il forno a microonde 215
Quadretti di cioccolato al microonde 216
Torta veloce al caffè al microonde... 218

Torta al caffè

Produce una torta da 20 cm/8

100 g/4 once/½ tazza di burro o margarina, ammorbidito

100 g/4 once/½ tazza di zucchero semolato (molto fine).

2 uova, leggermente sbattute

2,5 ml/½ cucchiaino di essenza di caffè (estratto) o caffè nero forte

150 g/5 oz/1 ¼ tazza di farina autolievitante

2,5 ml/½ cucchiaino di lievito in polvere

Glassa al burro al caffè

30 ml/2 cucchiai di noci miste tritate (facoltativo)

Sbattere il burro o la margarina e lo zucchero fino a ottenere un composto chiaro e soffice. Sbattere gradualmente le uova e l'essenza di caffè, quindi incorporare la farina e il lievito. Versare il cucchiaio in due stampi per sandwich (teglie) da 20 cm/8 unti e foderati e cuocere in forno preriscaldato a 160°C/325°F/gas numero 3 per 20 minuti, finché non diventa elastico al tatto. Lasciare raffreddare negli stampini per 4 minuti, quindi sformare su una gratella per completare il raffreddamento. Amalgamare le torte con metà della glassa al burro, quindi spalmare il resto e creare dei motivi con una forchetta. Se lo si desidera, cospargere con le noci.

Torta streusel al caffè

Produce una torta da 20 cm/8

50 g/2 once/¼ tazza di burro o margarina, ammorbidito

100 g/4 once/½ tazza di zucchero semolato (molto fine).

1 uovo, leggermente sbattuto

10 ml/2 cucchiaini di essenza di caffè (estratto)

100 g/4 oz/1 tazza di farina autolievitante

Pizzico di sale

75 g/3 once/½ tazza di uva sultanina (uvetta dorata)

60 ml/4 cucchiai di latte Per la glassa:

50 g/2 once/¼ tazza di burro o margarina

30 ml/2 cucchiai di farina semplice (per tutti gli usi).

75 g/3 once/1/3 tazza di zucchero di canna morbido

10 ml/2 cucchiaini di cannella in polvere

50 g/2 once/½ tazza di noci miste tritate

Sbattere il burro o la margarina e lo zucchero fino a ottenere un composto chiaro e soffice. Sbattere gradualmente l'uovo e l'essenza di caffè, quindi aggiungere la farina e il sale. Incorporate l'uva sultanina e il latte quanto basta per ottenere una consistenza morbida e liquida.

Per la copertura, mescolare il burro o la margarina con la farina, lo zucchero e la cannella fino a ottenere un composto che assomigli al pangrattato. Incorporare le noci. Distribuire metà della glassa sul fondo di una tortiera del diametro di 20 cm/8 cm unta e riempita. Aggiungete il composto della torta con un cucchiaio e cospargete con la glassa rimasta. Cuocere in forno preriscaldato a 220°C/gas 7 per 15 minuti finché non sarà ben lievitato ed elastico al tatto.

Torta contadina

Produce una torta da 18 cm/7

225 g/8 oz/11/3 tazze di frutta secca mista (mix per torta di frutta)

75 g/3 once/1/3 tazza di sugo di manzo (grasso)

150 g/5 once/2/3 tazza di zucchero di canna morbido

250 ml/8 fl oz/1 tazza di acqua

225 g/8 oz/2 tazze di farina integrale (grano integrale).

5 ml/1 cucchiaino di lievito in polvere

2,5 ml/½ cucchiaino di bicarbonato di sodio (bicarbonato di sodio)

5 ml/1 cucchiaino di cannella in polvere

Un pizzico di noce moscata grattugiata

Un pizzico di chiodi di garofano macinati

In una pentola dal fondo spesso portate a bollore la frutta scolata, lo zucchero e l'acqua e fate cuocere per 10 minuti. Lasciare raffreddare. Mescolare gli ingredienti rimanenti in una ciotola, quindi versare il composto sciolto e mescolare delicatamente. Versare in una tortiera unta e foderata con un diametro di 18 cm/7 e cuocere in forno preriscaldato a 180°C/350°F/gas numero 4 per 1,5 ore, finché non sarà ben lievitato e si sarà ritirato dalle pareti della teglia.

Pan di zenzero americano con salsa al limone

Produce una torta da 20 cm/8

225 g/8 oz/1 tazza di zucchero semolato (molto fine).

50 g/2 once/¼ tazza di burro o margarina, sciolto

30 ml/2 cucchiai di melassa di cacao (melassa)

2 albumi d'uovo, leggermente sbattuti

225 g/8 oz/2 tazze di farina semplice (per tutti gli usi).

5 ml/1 cucchiaino di bicarbonato di sodio (bicarbonato di sodio)

5 ml/1 cucchiaino di cannella in polvere

2,5 ml/½ cucchiaino di chiodi di garofano macinati

1,5 ml/¼ cucchiaino di zenzero macinato

Pizzico di sale

250 ml/8 fl oz/1 tazza di latticello

Per la salsa:

100 g/4 once/½ tazza di zucchero semolato (molto fine).

30 ml/2 cucchiai di farina di mais (amido di mais)

Pizzico di sale

Un pizzico di noce moscata grattugiata

250 ml/8 fl oz/1 tazza di acqua bollente

15 g/½ oz/1 cucchiaio di burro o margarina

30 ml/2 cucchiai di succo di limone

2,5 ml/½ cucchiaino di scorza di limone grattugiata finemente

Mescolare zucchero, burro o margarina e melassa. Unire gli albumi. Mescolare farina, bicarbonato, pepe e sale. Mescolare alternativamente il composto di farina e il latticello nel composto di burro e zucchero fino a quando non saranno ben amalgamati. Versare in una tortiera (teglia) del diametro di 20 cm unta e infarinata e cuocere in forno preriscaldato a 200°C/gas 6 per 35 minuti, fino a quando uno stecchino infilato al centro ne uscirà pulito. . Lasciare raffreddare nella padella per 5 minuti, quindi rimuovere su una gratella per completare il raffreddamento. La torta può essere servita fredda o tiepida.

Per preparare la salsa, unire lo zucchero, la farina di mais, il sale, la noce moscata e l'acqua in un pentolino a fuoco medio e mescolare finché non saranno ben amalgamati. Cuocere a fuoco lento, mescolando continuamente, fino a quando il composto sarà denso e chiaro. Mescolare il burro o la margarina, il succo di limone e la scorza e cuocere fino a quando non saranno ben amalgamati. Versare sul pan di zenzero e servire.

Pan di zenzero al caffè

Produce una torta da 20 cm/8

200 g/7 oz/1¾ tazze di farina autolievitante

10 ml/2 cucchiaini di zenzero macinato

10 ml/2 cucchiaini di caffè solubile in granuli

100 ml/4 fl oz/½ tazza di acqua calda

100 g/4 once/½ tazza di burro o margarina

75 g/3 once/¼ tazza di sciroppo dorato (mais chiaro).

50 g/2 once/¼ tazza di zucchero di canna morbido

2 uova, sbattute

Mescolare la farina e lo zenzero. Sciogliere il caffè nell'acqua calda. Sciogliere la margarina, lo sciroppo e lo zucchero, quindi incorporarli agli ingredienti secchi. Mescolare caffè e uova. Versare in una tortiera da 20 cm imburrata e infarinata e cuocere in forno preriscaldato a 180°C per 40-45 minuti, fino a quando sarà ben lievitata e elastica al tatto.

Torta alla crema allo zenzero

Produce una torta da 20 cm/8

175 g/6 once/¾ tazza di burro o margarina, ammorbidito

150 g/5 once/2/3 tazza di zucchero di canna morbido

3 uova, leggermente sbattute

175 g/6 oz/1 tazza e ½ di farina autolievitante (autolievitante).

15 ml/1 cucchiaino di zenzero macinato Per il ripieno:

150 ml/¼ pt/2/3 tazza di panna doppia (pesante).

15 ml/1 cucchiaio di zucchero a velo (a velo), setacciato

5 ml/1 cucchiaino di zenzero macinato

Sbattere il burro o la margarina e lo zucchero fino a ottenere un composto chiaro e soffice. Aggiungere gradualmente le uova, poi la farina e lo zenzero e mescolare bene. Versare il composto in due stampi per sandwich (teglie) da 20 cm/8 unti e foderati e cuocere in forno preriscaldato a 180°C/350°F/gas numero 4 per 25 minuti, finché non sarà ben lievitato ed elastico al tatto. Lasciare raffreddare.

Montare a neve ferma la panna con lo zucchero e lo zenzero e poi unire i biscotti.

Torta allo zenzero di Liverpool

Produce una torta da 20 cm/8

100 g/4 once/½ tazza di burro o margarina

100 g/4 once/½ tazza di zucchero demerara

30 ml/2 cucchiai di sciroppo di mais dorato (mais chiaro).

225 g/8 oz/2 tazze di farina semplice (per tutti gli usi).

2,5 ml/½ cucchiaino di bicarbonato di sodio (bicarbonato di sodio)

10 ml/2 cucchiaini di zenzero macinato

2 uova, sbattute

225 g/8 oz/11/3 tazze di uva sultanina (uvetta dorata)

50 g/2 once/½ tazza di zenzero cristallizzato (candito), tritato

Sciogliere il burro o la margarina con lo zucchero e lo sciroppo a fuoco basso. Togliere dal fuoco e unire gli ingredienti secchi e l'uovo e mescolare bene. Mescolare l'uva sultanina e lo zenzero. Versare in una tortiera quadrata da 20 cm unta e foderata e cuocere in forno preriscaldato a 150°C/300°F/gas numero 3 per 1,5 ore, finché non saranno elastiche al tatto. La torta potrebbe affondare leggermente al centro. Lasciare raffreddare nella forma.

Pan di zenzero di farina d'avena

Produce una torta da 35 x 23 cm/14 x 9 cm

225 g/8 oz/2 tazze di farina integrale (grano integrale).

75 g/3 once/¾ tazza di fiocchi d'avena

5 ml/1 cucchiaino di bicarbonato di sodio (bicarbonato di sodio)

5 ml/1 cucchiaino di acido tartarico

15 ml/1 cucchiaio di zenzero macinato

225 g/8 once/1 tazza di burro o margarina

225 g/8 oz/1 tazza di zucchero di canna morbido

Mescolare in una ciotola la farina, l'avena, il bicarbonato, il cremor tartaro e lo zenzero. Strofinare il burro o la margarina fino a quando il composto non assomiglia al pangrattato. Incorporare lo zucchero. Pressare bene il composto in uno stampo per dolci da 35 x 23 cm/14 x 9 unto e cuocere in forno preriscaldato a 160°C/325°F/livello 3 per 30 minuti fino a doratura. Ancora tiepido, tagliare a quadrotti e lasciar raffreddare completamente nello stampo.

> Pan di zenzero all'arancia
>
> Produce una torta di 23 cm/9 di diametro
>
> 450 g/1 libbra/4 tazze di farina semplice (per tutti gli usi).
>
> 5 ml/1 cucchiaino di cannella in polvere
>
> 2,5 ml/½ cucchiaino di zenzero macinato
>
> 2,5 ml/½ cucchiaino di bicarbonato di sodio (bicarbonato di sodio)
>
> 175 g/6 once/2/3 tazza di burro o margarina
>
> 175 g di zucchero semolato (molto fine).
>
> 75 g/3 oz/½ tazza di scorza d'arancia glacé (candita), tritata
>
> Buccia grattugiata e succo di ½ arancia grande
>
> 175 g/6 oz/½ tazza di sciroppo dorato (mais chiaro), riscaldato
>
> 2 uova, leggermente sbattute

Un po' di latte

Mescolare la farina, le spezie e il bicarbonato di sodio, quindi incorporare il burro o la margarina fino a ottenere un composto che assomigli al pangrattato. Incorporate lo zucchero, la scorza d'arancia e la scorza, quindi formate una fontana al centro. Mescolare il succo d'arancia e lo sciroppo tiepido, quindi incorporare le uova fino ad ottenere una consistenza morbida e liquida, aggiungendo se necessario un po' di latte. Sbattere bene, quindi versare in una tortiera quadrata da 23 cm unta e cuocere in forno preriscaldato a 160°C/325°F/gas mark 3 per 1 ora, finché non sarà ben lievitato ed elastico al tatto.

Pan di zenzero appiccicoso

Produce una torta con un diametro di 25 cm/10

275 g/10 oz/2½ tazze di farina semplice (per tutti gli usi).

10 ml/2 cucchiaini di cannella in polvere

5 ml/1 cucchiaino di bicarbonato di sodio (bicarbonato di sodio)

100 g/4 once/½ tazza di burro o margarina

175 g/6 oz/½ tazza di sciroppo dorato (mais chiaro).

175 g/6 oz/½ tazza di melassa di cinghiale (melassa)

100 g/4 once/½ tazza di zucchero di canna morbido

2 uova, sbattute

150 ml/¼ pt/2/3 tazza di acqua calda

Mescolare la farina, la cannella e il bicarbonato di sodio. Sciogliere il burro o la margarina con lo sciroppo, la melassa e lo zucchero e versarli negli ingredienti secchi. Aggiungere le uova e l'acqua e mescolare bene. Versare in una tortiera da 25 cm/10 quadrati imburrata e foderata. Cuocere in forno preriscaldato a 180°C/gas numero 4 per 40-45 minuti, fino a quando sarà ben lievitato ed elastico al tatto.

Pan di zenzero integrale

Produce una torta da 18 cm/7

100 g/4 oz/1 tazza di farina semplice (per tutti gli usi).

100 g/4 oz/1 tazza di farina integrale (grano integrale).

50 g/2 once/¼ tazza di zucchero di canna morbido

50 g/2 oz/1/3 tazza di uva sultanina (uvetta dorata)

10 ml/2 cucchiaini di zenzero macinato

5 ml/1 cucchiaino di cannella in polvere

5 ml/1 cucchiaino di bicarbonato di sodio (bicarbonato di sodio)

Pizzico di sale

100 g/4 once/½ tazza di burro o margarina

30 ml/2 cucchiai di sciroppo di mais dorato (mais chiaro).

30 ml/2 cucchiai di melassa di cacao (melassa)

1 uovo, leggermente sbattuto

150 ml/¼ pt/2/3 tazza di latte

Mescolare insieme gli ingredienti secchi. Sciogliere il burro o la margarina con lo sciroppo e la melassa e unirli agli ingredienti secchi con l'uovo e il latte. Versare il composto in una tortiera da 18 cm unta e foderata e cuocere in forno preriscaldato a 160°C/gas 3 per 1 ora, finché non diventa elastico al tatto.

Torta al miele e mandorle

Produce una torta da 20 cm/8

250 g di carote, grattugiate

65 g di mandorle tritate finemente

2 uova

100 g/4 once/1/3 tazza di miele puro

60 ml/4 cucchiai di olio

150 ml/¼ pt/2/3 tazza di latte

100 g/4 oz/1 tazza di farina integrale (grano integrale).

25 g/1 oncia/¼ di tazza di farina semplice (per tutti gli usi).

10 ml/2 cucchiaini di cannella in polvere

2,5 ml/½ cucchiaino di bicarbonato di sodio (bicarbonato di sodio)

Pizzico di sale

Copertura glassata al limone

Qualche mandorla pelata (grattugiata) per la decorazione

Mescolare insieme carote e noci. Sbattere le uova in una ciotola a parte, quindi unirle al miele, all'olio e al latte. Unire le carote e le noci, quindi unire gli ingredienti secchi. Versare il composto in una tortiera da 20 cm unta e foderata e cuocere in forno preriscaldato a 150°C/300°F/gas numero 2 per 1-1¼ ore, fino a quando sarà ben lievitato e elastico al tatto. Lasciare raffreddare nello stampo prima di sformare. Irrorate con la glassa al limone e poi guarnite con le mandorle a scaglie.

Torta con glassa al limone

Produce una torta da 18 cm/7

100 g/4 once/½ tazza di burro o margarina, ammorbidito

100 g/4 once/½ tazza di zucchero semolato (molto fine).

2 uova

100 g/4 oz/1 tazza di farina semplice (per tutti gli usi).

50 g/2 once/½ tazza di riso macinato

2,5 ml/½ cucchiaino di lievito in polvere

Buccia grattugiata e succo di 1 limone

100 g/4 oz/2/3 tazza di zucchero a velo (a velo), setacciato

Sbattere il burro o la margarina e lo zucchero fino a ottenere un composto chiaro e soffice. Aggiungere le uova una alla volta e sbattere bene dopo ogni aggiunta. Unire la farina, il riso macinato, il lievito e la scorza di limone, quindi incorporarli al composto. Versateli in una tortiera del diametro di 18 cm unta e foderata e cuoceteli in forno preriscaldato a 180°C/gas numero 4 per 1 ora, finché non saranno elastici al tatto. Togliere dallo stampo e lasciare raffreddare.

Mescolare lo zucchero a velo con un po' di succo di limone fino ad ottenere un composto liscio. Versare sulla torta e lasciare solidificare.

Anello da tè freddo

Serve 4-6

150 ml/¼ pt/2/3 tazza di latte caldo

2,5 ml/½ cucchiaino di lievito secco

25 g/1 oncia/2 cucchiai di zucchero semolato (molto fine).

25 g/1 oncia/2 cucchiai di burro o margarina

225 g/8 once/2 tazze di farina pesante semplice (pane).

1 uovo sbattuto Per il ripieno:

50 g/2 once/¼ tazza di burro o margarina, ammorbidito

50 g/2 once/¼ tazza di mandorle tritate

50 g/2 once/¼ tazza di zucchero di canna morbido

Per la farcitura:
100 g/4 oz/2/3 tazza di zucchero a velo (a velo), setacciato

15 ml/1 cucchiaio di acqua tiepida

30 ml/2 cucchiai di mandorle pelate (grattugiate).

Versate il latte nel lievito e nello zucchero e mescolate. Lasciare in un luogo caldo finché non diventa schiumoso. Mescolare il burro o la margarina nella farina. Incorporate il composto di lievito e l'uovo e sbattete bene. Coprire la ciotola con un foglio di pellicola oliata (pellicola di plastica) e lasciare in un luogo caldo per 1 ora. Mescolare ancora e poi formare un rettangolo dalle dimensioni di circa 30 x 23 cm. Spalmare l'impasto con burro o margarina per il ripieno e cospargere con mandorle tritate e zucchero. Formare un lungo salsicciotto e formare un anello, bagnando i bordi con un po' d'acqua. Tagliare due terzi dell'impasto ad intervalli di circa 3 cm/1½ e adagiarli su una teglia unta. Lasciare in un luogo caldo per 20 minuti. Cuocere in forno preriscaldato a 200°C/gas 7 per 15 minuti. Ridurre la temperatura del forno a 180°C/350°F/gas 4 per altri 15 minuti.

Nel frattempo mescolare lo zucchero a velo e l'acqua per preparare la glassa. Dopo il raffreddamento, stendere la torta e decorare con scaglie di mandorle.

Torta Lardo

Produce una torta da 23 x 18 cm/9 x 7 cm

15 g/½ oz di lievito fresco o 20 ml/4 cucchiaini di lievito secco

5 ml/1 cucchiaino di zucchero semolato (molto fine).

300 ml/½ pt/1¼ tazze di acqua calda

150 g di strutto (grasso)

450 g/1 libbra/4 tazze di farina forte (pane).

Pizzico di sale

100 g/4 oz/2/3 tazze di uva sultanina (uvetta dorata)

100 g/4 once/2/3 tazza di miele puro

Mescolare il lievito con lo zucchero e un po' di acqua tiepida e lasciare in un luogo tiepido per 20 minuti finché non diventa schiumoso.

Strofinare 25 g di strutto nella farina e nel sale e formare una fontana al centro. Versare il composto di lievito e la restante acqua tiepida e ottenere un impasto sodo. Impastare fino ad ottenere un composto liscio ed elastico. Metterlo in una ciotola unta d'olio, coprire con pellicola trasparente unta d'olio (pellicola di plastica) e lasciare in un luogo caldo per circa 1 ora finché non raddoppia di volume.

Tagliare il lardo rimasto a cubetti. Riprendere l'impasto e poi stenderlo in un rettangolo di circa 35 x 23 cm. Coprire i due terzi superiori dell'impasto con un terzo del burro, un terzo dell'uva sultanina e un quarto del miele. Piegare il terzo liscio dell'impasto sul ripieno e poi piegare il terzo superiore verso il basso. Premere insieme i bordi per sigillarli, quindi ruotare la pasta di un quarto di giro in modo che la piega sia sul lato sinistro. Stendetela e ripetete l'operazione altre due volte per consumare tutto il grasso e l'uva sultanina. Disporre su una teglia unta e segnare una croce sopra con un coltello. Coprire e lasciare in un luogo caldo per 40 minuti.

Cuocere in forno preriscaldato a 220°C/gas 7 per 40 minuti. Versare sopra il miele rimasto e lasciar raffreddare.

Torta dolce al cumino

Produce una torta da 23 x 18 cm/9 x 7 cm

450 g/1 libbra di pasta per pane bianco base

175 g di strutto (grasso), tagliato a pezzi

175 g di zucchero semolato (molto fine).

15 ml/1 cucchiaio di cumino

Preparare l'impasto, quindi stenderlo su un piano infarinato in un rettangolo di circa 35 x 23 cm. Distribuire metà dello strutto e metà dello zucchero sui due terzi superiori dell'impasto, quindi ripiegare la pasta liscia. un terzo dell'impasto e ripiegare il terzo superiore verso il basso. Girare l'impasto di un quarto di giro in modo che la piega sia sul lato sinistro, quindi stenderlo nuovamente e cospargerlo allo stesso modo con il restante strutto, lo zucchero e il cumino. Piegare nuovamente, quindi modellare per adattarlo alla teglia (teglia) e incidere la parte superiore a forma di diamante. Coprire con pellicola trasparente unta d'olio (pellicola trasparente) e lasciare in un luogo caldo per circa 30 minuti fino al raddoppio delle dimensioni.

Cuocere in forno preriscaldato a 200°C/400°F/gas 6 per 1 ora. Lasciare raffreddare nello stampo per 15 minuti per permettere al grasso di assorbire l'impasto, quindi sformare su una gratella a raffreddare completamente.

Torta marmorizzata

Produce una torta da 20 cm/8

175 g/6 once/¾ tazza di burro o margarina, ammorbidito

175 g di zucchero semolato (molto fine).

3 uova, leggermente sbattute

225 g/8 oz/2 tazze di farina autolievitante

Qualche goccia di essenza di mandorla (estratto)

Qualche goccia di colorante alimentare verde

Qualche goccia di colorante alimentare rosso

Sbattere il burro o la margarina e lo zucchero fino a ottenere un composto chiaro e soffice. Sbattere gradualmente le uova, quindi incorporare la farina. Dividete il composto in tre. Aggiungi l'essenza di mandorle a un terzo, il colorante alimentare verde a un terzo e il colorante alimentare rosso al restante terzo. Versare alternativamente grandi cucchiaiate di questi tre composti in una tortiera da 20 cm unta e foderata e cuocere in forno preriscaldato a 180°C/gas mark 4 per 45 minuti, fino a quando sarà ben lievitata ed elastica. tocco.

Torta a strati del Lincolnshire

Produce una torta da 20 cm/8

175 g/6 once/¾ tazza di burro o margarina

350 g/12 once/3 tazze di farina semplice (per tutti gli usi).

Pizzico di sale

150 ml/¼ pt/2/3 tazza di latte

15 ml/1 cucchiaino di lievito secco Per il ripieno:

225 g/8 oz/11/3 tazze di uva sultanina (uvetta dorata)

225 g/8 oz/1 tazza di zucchero di canna morbido

25 g/1 oncia/2 cucchiai di burro o margarina

2,5 ml/½ cucchiaino di pimento macinato

1 uovo, separato

Strofinare metà del burro o della margarina nella farina e nel sale finché il composto non assomiglia al pangrattato. Scaldare il burro o la margarina rimanenti con il latte fino a quando sarà caldo, quindi mescolare un po' con il lievito per formare una pasta. Mescolare il composto di lievito, il latte e il burro rimanenti nel composto di farina e impastare un impasto liscio. Mettetelo in una ciotola oliata, coprite e lasciate riposare in un luogo tiepido per circa 1 ora fino al raddoppio del suo volume. Nel frattempo mettere tutti gli ingredienti per il ripieno, tranne l'albume, in una padella a fuoco basso e lasciarli sciogliere.

Stendere un quarto dell'impasto in un cerchio di 20 cm/8 e ricoprire con un terzo del ripieno. Ripetere l'operazione con le restanti quantità di impasto e ripieno, posizionare un cerchio di pasta. Rivestire i bordi con l'albume e sigillare. Cuocere in forno preriscaldato a 190°C/gas 5 per 20 minuti. Spennellare la superficie con l'albume e rimettere in forno per altri 30 minuti fino a doratura.

Una pagnotta

Produce una torta da 900 g/2 libbre

175 g/6 once/¾ tazza di burro o margarina, ammorbidito

275 g/10 oz/1 ¼ tazza di zucchero a velo (molto fine).

Buccia grattugiata e succo di ½ limone

120 ml/4 fl oz/½ tazza di latte

275 g/10 oz/2 ¼ tazze di farina autolievitante (autolievitante).

5 ml/1 cucchiaino di sale

5 ml/1 cucchiaino di lievito in polvere

3 uova

Zucchero a velo (a velo), setacciato, per spolverare

Sbattere il burro o la margarina, lo zucchero e la scorza di limone fino a ottenere un composto chiaro e soffice. Unire il succo di limone e il latte, quindi unire la farina, il sale e il lievito e mescolare fino ad ottenere un composto omogeneo. Aggiungere gradualmente le uova, sbattendo bene dopo ogni aggiunta. Versare il composto in uno stampo per pane (teglia) da 900 g/2 libbre unto e foderato e cuocere in forno preriscaldato a 150 ° F/300 ° F/gas mark 2 per 1 ora e ¼ finché non diventa elastico al tatto. Lasciare raffreddare nello stampo per 10 minuti prima di sformare e completare il raffreddamento su una gratella. Servire cosparso di zucchero a velo.

Torta alla marmellata

Produce una torta da 18 cm/7

175 g/6 once/¾ tazza di burro o margarina, ammorbidito

175 g di zucchero semolato (molto fine).

3 uova, separate

300 g/10 oz/2 ½ tazze di farina autolievitante (autolievitante).

45 ml/3 cucchiai di marmellata densa

50 g/2 oz/1/3 tazza di buccia mista tritata (candita).

Buccia grattugiata di 1 arancia

45 ml/3 cucchiai di acqua

                      Per la copertura (glassa):

100 g/4 oz/2/3 tazza di zucchero a velo (a velo), setacciato

Succo di 1 arancia

Qualche fetta di arancia candita (candita).

Sbattere il burro o la margarina e lo zucchero fino a ottenere un composto chiaro e soffice. Sbattere gradualmente i tuorli d'uovo, quindi 15 ml/1 cucchiaino di farina. Mescolare la marmellata, la scorza mista, la scorza d'arancia e l'acqua, quindi aggiungere la restante farina. Montare gli albumi a neve ferma, quindi incorporarli al composto utilizzando un cucchiaio di metallo. Versare in una tortiera unta e foderata del diametro di 18 cm/7 e cuocere in forno preriscaldato a 180°C/350°F/gas numero 4 per 1 ora e ¼, fino a quando sarà ben lievitato e elastico al tatto. Lasciare raffreddare nello stampo per 5 minuti, quindi sformare su una gratella per completare il raffreddamento.

Per preparare la glassa, mettete in una ciotola lo zucchero a velo e formate una fontana al centro. Aggiungere gradualmente abbastanza succo d'arancia per creare una consistenza spalmabile.

Versare sulla torta e sui lati e lasciare solidificare. Decorare con fettine di arancia candita.

Torta al papavero

Produce una torta da 20 cm/8

250 ml/8 fl oz/1 tazza di latte

100 g/4 once/1 tazza di semi di papavero

225 g/8 oz/1 tazza di burro o margarina, ammorbidito

225 g/8 oz/1 tazza di zucchero di canna morbido

3 uova, separate

100 g/4 oz/1 tazza di farina semplice (per tutti gli usi).

100 g/4 oz/1 tazza di farina integrale (grano integrale).

5 ml/1 cucchiaino di lievito in polvere

In un pentolino portate a bollore il latte con i semi di papavero, poi togliete dal fuoco, coprite e lasciate in infusione per 30 minuti. Sbattere il burro o la margarina e lo zucchero fino a ottenere un composto chiaro e soffice. Sbattere gradualmente i tuorli d'uovo, quindi aggiungere la farina e il lievito. Unire i semi di papavero e il latte. Montare gli albumi a neve ferma, quindi incorporarli al composto utilizzando un cucchiaio di metallo. Versare il composto in una tortiera da 20 cm unta e foderata e cuocere in forno preriscaldato a 180°C/gas 4 per 1 ora, finché uno stecchino inserito al centro non esce pulito. Lasciare raffreddare nello stampo per 10 minuti prima di sformare e completare il raffreddamento su una gratella.

Torta allo yogurt semplice

Produce una torta di 23 cm/9 di diametro

150 g di yogurt bianco

150 ml/¼ pt/2/3 tazza di olio

225 g/8 oz/1 tazza di zucchero semolato (molto fine).

225 g/8 oz/2 tazze di farina autolievitante

10 ml/2 cucchiaini di lievito in polvere

2 uova, sbattute

Mescolare tutti gli ingredienti fino ad ottenere un composto omogeneo e disporli con un cucchiaio in una tortiera unta e foderata del diametro di 23 cm/9 cm. Cuocere in forno preriscaldato a 160°C/325°F/gas mark 3 per 1 ora e ¼ finché non diventa elastico al tatto. Lasciare raffreddare nella forma.

Torta alle prugne e al budino

Produce una torta di 23 cm/9 di diametro

Per il ripieno:

150 g 2/3 tazza di prugne snocciolate, tritate grossolanamente

120 ml/4 fl oz/½ tazza di succo d'arancia

50 g/2 once/¼ di tazza di zucchero semolato (molto fine).

30 ml/2 cucchiai di farina di mais (amido di mais)

175 ml/6 fl oz/¾ tazza di latte

2 tuorli d'uovo

Buccia grattugiata finemente di 1 arancia

Per la torta:

175 g/6 once/¾ tazza di burro o margarina, ammorbidito

225 g/8 oz/1 tazza di zucchero semolato (molto fine).

3 uova, leggermente sbattute

200 g/7 oz/1¾ tazze di farina semplice (per tutti gli usi).

10 ml/2 cucchiaini di lievito in polvere

2,5 ml/½ cucchiaino di noce moscata grattugiata

75 ml/5 cucchiai di succo d'arancia

Per prima cosa prepara il ripieno. Mettere a bagno le prugne nel succo d'arancia per almeno due ore.

Mescolare lo zucchero e la farina di mais con un po' di latte fino a formare una pasta. Portare a ebollizione il latte rimasto in un pentolino. Versare lo zucchero e la farina di mais e mescolare bene, quindi rimettere nella padella sciacquata e sbattere i tuorli d'uovo. Aggiungere la scorza d'arancia e mescolare a fuoco molto basso finché non si addensa, ma non lasciare bollire il budino.

Metti la padella in una ciotola con acqua fredda e mescola di tanto in tanto il budino mentre si raffredda.

Mentre prepari la torta, monta il burro o la margarina e lo zucchero fino ad ottenere un composto chiaro e soffice. Sbattere gradualmente le uova, quindi incorporare alternativamente la farina, il lievito e la noce moscata con il succo d'arancia. Versare metà dell'impasto in una tortiera da 23 cm/9 unta, quindi distribuire sopra il budino, lasciando uno spazio attorno al bordo. Versare le prugne e il succo imbevuto sul budino, quindi coprire con il restante composto della torta, assicurandosi che il ripieno si chiuda attorno ai lati e copra completamente il ripieno. Cuocere in forno preriscaldato a 200°C/400°F/gas 6 per 35 minuti, fino a quando saranno dorati e si saranno ritirati dalle pareti dello stampo. Lasciare raffreddare nello stampo prima di sformare.

Torta waffle ai lamponi con glassa al cioccolato

Produce una torta da 20 cm/8

175 g/6 once/¾ tazza di burro o margarina, ammorbidito

175 g di zucchero semolato (molto fine).

3 uova, leggermente sbattute

225 g/8 oz/2 tazze di farina autolievitante

100 g di lamponi Per la copertura (glassa) e la decorazione:

Glassa al burro al cioccolato bianco

100 g/4 oz/1 tazza di cioccolato liscio (semidolce).

Sbattere il burro o la margarina e lo zucchero fino a ottenere un composto chiaro e soffice. Sbattere gradualmente le uova, quindi incorporare la farina. Frullare i lamponi e poi passarli al setaccio per eliminare i semi. Unire la purea al composto della torta, giusto in modo che sia sbriciolata e non mescolata al composto. Versare il composto in una tortiera da 20 cm unta e foderata e cuocere in forno preriscaldato a 180°C/350°F/gas mark 4 per 45 minuti, fino a quando sarà ben lievitato e elastico al tatto. Trasferire su una gratella per raffreddare.

Spalmare la torta con la glassa al burro e irruvidire la superficie con una forchetta. Sciogliere il cioccolato in una ciotola resistente al calore posta sopra una pentola di acqua leggermente bollente. Stendere su una teglia (biscotti) e lasciare quasi indurire. Usa un coltello piatto e affilato per raschiare il cioccolato e creare dei riccioli. Utilizzare per decorare la parte superiore della torta.

Torta di sabbia

Produce una torta da 20 cm/8

75 g/3 once/1/3 tazza di burro o margarina, ammorbidito

75 g/3 once/1/3 tazza di zucchero semolato (molto fine).

2 uova, leggermente sbattute

100 g/4 oz/1 tazza di farina di mais (amido di mais)

25 g/1 oncia/¼ di tazza di farina semplice (per tutti gli usi).

5 ml/1 cucchiaino di lievito in polvere

50 g/2 once/½ tazza di noci miste tritate

Sbattere il burro o la margarina e lo zucchero fino a ottenere un composto chiaro e soffice. Sbattere gradualmente le uova, quindi incorporare la farina di mais, la farina e il lievito. Versare il composto in una tortiera unta da 20 cm/8 quadrati e cospargere con le noci tritate. Cuocere in forno preriscaldato a 180°C/350°F/gas 4 per 1 ora finché non diventa elastico al tatto.

Torta Di Semi

Produce una torta da 18 cm/7

100 g/4 once/½ tazza di burro o margarina, ammorbidito

100 g/4 once/½ tazza di zucchero semolato (molto fine).

2 uova, leggermente sbattute

225 g/8 oz/2 tazze di farina semplice (per tutti gli usi).

25 g/1 oncia/¼ tazza di cumino

5 ml/1 cucchiaino di lievito in polvere

Pizzico di sale

45 ml/3 cucchiai di latte

Sbattere il burro o la margarina e lo zucchero fino a ottenere un composto chiaro e soffice. Sbattere gradualmente le uova, quindi aggiungere la farina, il cumino, il lievito e il sale. Mescolare abbastanza latte per ottenere una consistenza liquida. Versare il composto in una tortiera da 18 cm unta e foderata e cuocere in forno preriscaldato a 200°C/400°F/gas numero 6 per 1 ora, finché non diventa elastico al tatto e inizia a staccarsi dalle pareti dello stampo.

Ciambellone speziato

Realizza un anello con un diametro di 23 cm/9

1 mela, sbucciata, senza torsolo e grattugiata

30 ml/2 cucchiai di succo di limone

25 g/8 once/1 tazza di zucchero di canna morbido

5 ml/1 cucchiaino di zenzero macinato

5 ml/1 cucchiaino di cannella in polvere

2,5 ml/½ cucchiaino di pimento misto macinato (torta di mele).

225 g/8 oz/2/3 tazza di sciroppo dorato (mais chiaro).

250 ml/8 fl oz/1 tazza di olio

10 ml/2 cucchiaini di lievito in polvere

400 g/14 once/3 tazze e ½ di farina semplice (per tutti gli usi).

10 ml/2 cucchiaini di bicarbonato di sodio (bicarbonato di sodio)

250 ml/8 fl oz/1 tazza di tè caldo forte

1 uovo sbattuto

Zucchero a velo (a velo), setacciato, per spolverare

Mescolare la mela e il succo di limone. Incorporate lo zucchero e le spezie, poi lo sciroppo e l'olio. Aggiungi il lievito alla farina e il bicarbonato al tè caldo. Incorporateli alternativamente al composto e poi aggiungete l'uovo. Versare il composto in una tortiera profonda 23 cm (teglia da forno) unta e foderata e cuocere in forno preriscaldato a 180°C/350°F/gas 4 per 1 ora, fino a quando diventa elastico al tatto. Lasciare raffreddare nello stampo per 10 minuti, quindi sformare su una gratella per completare il raffreddamento. Servire cosparso di zucchero a velo.

Torta a strati piccante

Produce una torta di 23 cm/9 di diametro

100 g/4 once/½ tazza di burro o margarina, ammorbidito

100 g/4 once/½ tazza di zucchero semolato

100 g/4 once/½ tazza di zucchero di canna morbido

2 uova, sbattute

175 g/6 once/1 tazza e ½ di farina semplice (per tutti gli usi).

5 ml/1 cucchiaino di lievito in polvere

5 ml/1 cucchiaino di cannella in polvere

2,5 ml/½ cucchiaino di bicarbonato di sodio (bicarbonato di sodio)

2,5 ml/½ cucchiaino di pimento misto macinato (torta di mele).

Pizzico di sale

200 ml/7 fl oz/1 tazza di latte evaporato in scatola

Glassa al burro al limone

Sbattere il burro o la margarina e gli zuccheri fino a ottenere un composto chiaro e soffice. Sbattere gradualmente le uova, quindi aggiungere gli ingredienti secchi e il latte evaporato e mescolare fino ad ottenere un composto omogeneo. Versare un cucchiaio in due tortiere da 23 cm unte e foderate e cuocere in forno preriscaldato a 180°C/350°F/gas numero 4 per 30 minuti finché non diventa elastico al tatto. Lasciare raffreddare e poi ricoprire con la glassa al burro al limone.

Torta con zucchero e cannella

Produce una torta di 23 cm/9 di diametro

175 g/6 oz/1 tazza e ½ di farina autolievitante (autolievitante).

10 ml/2 cucchiaini di lievito in polvere

Pizzico di sale

175 g di zucchero semolato (molto fine).

50 g/2 once/¼ tazza di burro o margarina, sciolto

1 uovo, leggermente sbattuto

120 ml/4 fl oz/½ tazza di latte

2,5 ml/½ cucchiaino di essenza di vaniglia (estratto)

Per la farcitura:

50 g/2 once/¼ tazza di burro o margarina, sciolto

50 g/2 once/¼ tazza di zucchero di canna morbido

2,5 ml/½ cucchiaino di cannella in polvere

Mescolare tutti gli ingredienti della torta fino ad ottenere un composto liscio e ben amalgamato. Versare in una tortiera unta con un diametro di 23 cm/9 e cuocere in forno preriscaldato a 180 °C/350 °F/gas numero 4 per 25 minuti fino a doratura. Spalmare la torta calda con il burro. Mescolare lo zucchero e la cannella e cospargerli sopra. Rimettete la torta in forno per altri 5 minuti.

Torta da tè vittoriana

Produce una torta da 20 cm/8

225 g/8 oz/1 tazza di burro o margarina, ammorbidito

225 g/8 oz/1 tazza di zucchero semolato (molto fine).

225 g/8 oz/2 tazze di farina autolievitante

25 g/1 oncia/¼ tazza di farina di mais (amido di mais)

30 ml/2 cucchiai di cumino

5 uova, separate

Zucchero semolato per spolverizzare

Sbattere il burro o la margarina e lo zucchero fino a ottenere un composto chiaro e soffice. Mescolare farina, farina di mais e cumino. Sbattere i tuorli d'uovo, che verranno poi incorporati al composto. Montare gli albumi a neve ben ferma, quindi incorporarli delicatamente al composto utilizzando un cucchiaio di metallo. Versare il composto in una tortiera del diametro di 20 cm/8 imburrata e foderata e spolverizzare con lo zucchero. Cuocere in forno preriscaldato a 180°C/350°F/gas mark 4 per 1 ora e mezza, finché non sarà dorato e inizierà a staccarsi dalle pareti dello stampo.

Torta alla frutta tutto in uno

Produce una torta da 20 cm/8

175 g/6 once/¾ tazza di burro o margarina, ammorbidito

175 g/6 once/¾ tazza di zucchero di canna morbido

3 uova

15 ml/1 cucchiaio di sciroppo di mais dorato (mais chiaro).

100 g/4 oz/½ tazza di ciliegie candite

100 g/4 oz/2/3 tazze di uva sultanina (uvetta dorata)

100 g/4 once/2/3 tazza di uvetta

225 g/8 oz/2 tazze di farina autolievitante

10 ml/2 cucchiaini di pepe macinato misto (torta di mele).

Mettete tutti gli ingredienti in una ciotola e frullate finché non saranno ben amalgamati oppure lavorateli in un robot da cucina. Versatela in una tortiera del diametro di 20 cm unta e foderata e cuocete in forno preriscaldato a 160°C/gas numero 3 per 1 ora e mezza, finché uno stecchino infilato al centro non uscirà pulito. Lasciare nello stampo per 5 minuti, quindi sformare su una gratella per completare il raffreddamento.

Torta alla frutta in padella tutto in uno

Produce una torta da 20 cm/8

350 g/12 oz/2 tazze di frutta secca mista (mix per torta di frutta)

100 g/4 once/½ tazza di burro o margarina

100 g/4 once/½ tazza di zucchero di canna morbido

150 ml/¼ pt/2/3 tazze di acqua

2 uova grandi, sbattute

225 g/8 oz/2 tazze di farina autolievitante

5 ml/1 cucchiaino di pepe misto macinato (torta di mele).

Mettete in un pentolino la frutta, il burro o la margarina, lo zucchero e l'acqua, portate ad ebollizione e fate cuocere a fuoco lento per 15 minuti. Lasciare raffreddare. Unire a cucchiaiate alternativamente la farina e le spezie e amalgamare bene. Versare il composto in una tortiera da 20 cm unta e cuocere in forno preriscaldato a 140°C/275°F/Gas 1 per 1-1½ ore finché uno stecchino inserito al centro non esce pulito.

Torta alla frutta australiana

Produce una torta da 900 g/2 libbre

100 g/4 once/½ tazza di burro o margarina

225 g/8 oz/1 tazza di zucchero di canna morbido

250 ml/8 fl oz/1 tazza di acqua

350 g/12 oz/2 tazze di frutta secca mista (mix per torta di frutta)

5 ml/1 cucchiaino di bicarbonato di sodio (bicarbonato di sodio)

10 ml/2 cucchiaini di pepe macinato misto (torta di mele).

5 ml/1 cucchiaino di zenzero macinato

100 g/4 oz/1 tazza di farina autolievitante

100 g/4 oz/1 tazza di farina semplice (per tutti gli usi).

1 uovo sbattuto

Portare a ebollizione in una padella tutti gli ingredienti tranne la farina e le uova. Togliere dal fuoco e lasciare raffreddare. Unire la farina e l'uovo. Versare il composto in uno stampo da plumcake da 900 g unto e foderato e cuocere in forno preriscaldato a 160°C/325°F/gas mark 3 per 1 ora, fino a quando sarà ben lievitato e con uno stecchino inserito al centro. fuori pulito.

Torta ricca americana

Produce una torta con un diametro di 25 cm/10

225 g/8 once/11/3 tazze di ribes

100 g/4 oz/1 tazza di mandorle pelate

15 ml/1 cucchiaio di acqua di fiori d'arancio

45 ml/3 cucchiai di sherry secco

1 tuorlo d'uovo grande

2 uova

350 g/12 once/1 tazza e ½ di burro o margarina, ammorbidito

175 g di zucchero semolato (molto fine).

Un pizzico di macis macinato

Un pizzico di cannella in polvere

Un pizzico di chiodi di garofano macinati

Un pizzico di zenzero macinato

Un pizzico di noce moscata grattugiata

30 ml/2 cucchiai di brandy

225 g/8 oz/2 tazze di farina semplice (per tutti gli usi).

50 g/2 oz/½ tazza di buccia mista tritata (candita).

Immergere il ribes in acqua calda per 15 minuti, quindi scolarlo bene. Macinare finemente le mandorle con acqua di fiori d'arancio e 15 ml/1 cucchiaio di sherry. Sbattere il tuorlo e le uova. Lavorare a crema il burro o la margarina e lo zucchero, quindi unire il composto di mandorle e le uova e sbattere fino a ottenere un composto bianco e denso. Aggiungere le spezie, lo sherry rimasto e il brandy. Unire la farina, quindi unire l'uvetta e le scorze miste. Versare il composto in una tortiera unta dal diametro di 25 cm e cuocere in forno preriscaldato a 180°C/gas numero 4 per circa 1 ora, finché uno stecchino infilato al centro non esce pulito.

Torta alla frutta alla carruba

Produce una torta da 18 cm/7

450 g/1 libbra/22/3 tazze di uvetta

300 ml/½ pt/1¼ tazza di succo d'arancia

175 g/6 once/¾ tazza di burro o margarina, ammorbidito

3 uova, leggermente sbattute

225 g/8 oz/2 tazze di farina semplice (per tutti gli usi).

75 g/3 once/¾ tazza di polvere di carruba

10 ml/2 cucchiaini di lievito in polvere

Buccia grattugiata di 2 arance

50 g di noci tritate

Mettere a bagno l'uvetta nel succo d'arancia per una notte. Mescolare il burro o la margarina e le uova fino a ottenere un composto omogeneo. Unire gradualmente l'uvetta, il succo d'arancia e gli altri ingredienti. Versare un cucchiaio in una tortiera unta e foderata del diametro di 18 cm/7 e cuocere in forno preriscaldato a 180°C/350°F/gas mark 4 per 30 minuti, quindi abbassare la temperatura del forno a 160°C/325° F/gas mark 3 per un'altra ora e un quarto, finché uno stecchino infilato al centro esce pulito. Lasciare raffreddare nello stampo per 10 minuti, quindi trasferire su una gratella per completare il raffreddamento.

Torta alla frutta al caffè

Produce una torta con un diametro di 25 cm/10

450 g/1 lb/2 tazze di zucchero semolato (molto fine).

450 g/1 lb/2 tazze di datteri snocciolati, tritati

450 g/1 libbra/22/3 tazze di uvetta

450 g/1 lb/22/3 tazze di uva sultanina (uvetta dorata)

100 g/4 oz/½ tazza di ciliegie glacé (candite), tritate

100 g/4 oz/1 tazza di noci miste tritate

450 ml/¾ pt/2 tazze di caffè nero forte

120 ml/4 fl oz/½ tazza di olio

100 g/4 oz/1/3 tazza di sciroppo dorato (mais chiaro).

10 ml/2 cucchiaini di cannella in polvere

5 ml/1 cucchiaino di noce moscata grattugiata

Pizzico di sale

10 ml/2 cucchiaini di bicarbonato di sodio (bicarbonato di sodio)

15 ml/1 cucchiaio di acqua

2 uova, leggermente sbattute

450 g/1 libbra/4 tazze di farina semplice (per tutti gli usi).

120 ml/4 fl oz/½ tazza di sherry o brandy

Portare a ebollizione tutti gli ingredienti tranne il bicarbonato di sodio, l'acqua, le uova, la farina e lo sherry o il brandy in una padella pesante. Cuocere per 5 minuti, mescolando continuamente, quindi togliere dal fuoco e lasciare raffreddare. Mescolare il bicarbonato con l'acqua e aggiungerlo al composto di frutta con uova e farina. Versare il composto in uno stampo per torta (teglia) del diametro di 25 cm/10 unto e foderato e legare all'esterno un doppio strato di carta oleata (cerata) in modo che rimanga sopra la parte superiore dello stampo. Cuocere in forno preriscaldato a 160°C/325°F/gas mark 3 per 1 ora. Ridurre la temperatura del forno a 150°C/300°F/gas mark 2 e cuocere per un'altra ora. Ridurre la temperatura del forno a 140°C/275°F/gas mark 1 e cuocere per una terza ora. Ridurre nuovamente la temperatura del forno a 120°C/250°F/gas mark ½ e cuocere per un'ultima ora, coprendo la parte superiore della torta con carta oleata (cerata) se inizia a dorarsi troppo. A cottura ultimata uno stecchino infilato al centro uscirà pulito e la torta comincerà a ritirarsi dalle pareti dello stampo.

Torta pesante della Cornovaglia

Produce una torta da 900 g/2 libbre

350 g/12 once/3 tazze di farina semplice (per tutti gli usi).

2,5 ml/½ cucchiaino di sale

175 g di strutto (grasso)

75 g/3 once/1/3 tazza di zucchero semolato (molto fine).

175 g/6 once/1 tazza di ribes

Un po' di scorza mista tritata (candita) (facoltativa)

Circa 150 ml/¼ pt/2/3 tazza di latte misto e acqua

1 uovo sbattuto

Mettete la farina ed il sale in una ciotola, poi aggiungete lo strutto fino ad ottenere un composto che assomigli al pangrattato. Mescolare i restanti ingredienti secchi. Aggiungere poco a poco latte e acqua quanto basta per formare un impasto sodo. Non ci vorrà molto. Stendere su una teglia unta (biscotti) ad uno spessore di circa 1 cm/½. Spennellare con l'uovo sbattuto. Disegna una croce sulla parte superiore con la punta del coltello. Cuocere in forno preriscaldato a 160°C/325°F/gas 3 per circa 20 minuti fino a doratura. Lasciare raffreddare e poi tagliare a quadretti.

Torta al ribes

Produce una torta di 23 cm/9 di diametro

225 g/8 once/1 tazza di burro o margarina

300 g/11 oz/1 tazza e ½ di zucchero semolato (molto fine).

Pizzico di sale

100 ml/3½ fl oz/6½ cucchiai di acqua bollente

3 uova

400 g/14 once/3 tazze e ½ di farina semplice (per tutti gli usi).

175 g/6 once/1 tazza di ribes

50 g/2 oz/½ tazza di buccia mista tritata (candita).

100 ml/3½ fl oz/6½ cucchiai di acqua fredda

15 ml/1 cucchiaino di lievito in polvere

Mettete il burro o la margarina, lo zucchero e il sale in una ciotola, coprite con acqua bollente e lasciate riposare finché non si ammorbidisce. Sbattere velocemente fino ad ottenere un composto chiaro e cremoso. Aggiungere poco a poco le uova, quindi incorporare alternativamente la farina, l'uvetta e le scorze miste con acqua fredda. Mescolare il lievito. Mettere l'impasto in una tortiera unta dal diametro di 23 cm e cuocere in forno preriscaldato a 180°C/gas livello 4 per 30 minuti. Ridurre la temperatura del forno a 150°C/300°F/gas mark 2 e cuocere per altri 40 minuti, fino a quando uno stecchino inserito al centro risulta pulito. Lasciare raffreddare nello stampo per 10 minuti prima di sformare e completare il raffreddamento su una gratella.

Torta ai frutti scuri

Produce una torta con un diametro di 25 cm/10

225 g/8 oz/1 tazza di frutta mista glacé (candita) tritata

350 g 2 tazze di datteri snocciolati, tritati

225 g/8 once/11/3 tazze di uvetta

225 g/8 oz/1 tazza di ciliegie glacé (candite), tritate

100 g/4 oz/½ tazza di ananas glacé (candito), tritato

100 g/4 oz/1 tazza di noci miste tritate

225 g/8 oz/2 tazze di farina semplice (per tutti gli usi).

5 ml/1 cucchiaino di bicarbonato di sodio (bicarbonato di sodio)

5 ml/1 cucchiaino di cannella in polvere

2,5 ml/½ cucchiaino di pimento

1,5 ml/¼ cucchiaino di chiodi di garofano macinati

1,5 ml/¼ cucchiaino di sale

225 g/8 once/1 tazza di strutto (grasso)

225 g/8 oz/1 tazza di zucchero di canna morbido

3 uova

175 g/6 oz/½ tazza di melassa di cinghiale (melassa)

2,5 ml/½ cucchiaino di essenza di vaniglia (estratto)

120 ml/4 fl oz/½ tazza di latticello

Mescolare la frutta e le noci. Mescolare la farina, il bicarbonato di sodio, il pepe e il sale e aggiungere 50 g/2 once/½ tazza alla frutta. Sbattere lo strutto e lo zucchero fino ad ottenere un composto chiaro e soffice. Aggiungere gradualmente le uova, sbattendo bene dopo ogni aggiunta. Incorporare lo sciroppo di melassa e l'essenza di vaniglia. Mescolare alternativamente il latticello con il restante composto di farina e sbattere fino a ottenere un composto omogeneo. Incorporate la frutta. Versatela in una tortiera del diametro di 25 cm imburrata e infarinata e cuocete in forno preriscaldato a 140°C/gas numero 1 per 2 ore e mezza, finché uno stecchino infilato al centro non uscirà pulito. Lasciare raffreddare nello stampo per 10 minuti, quindi sformare su una gratella per completare il raffreddamento.

Torta taglia-e-vieni

Produce una torta da 20 cm/8

275 g/10 oz/12/3 tazze di frutta secca mista (mix per torta di frutta)

100 g/4 once/½ tazza di burro o margarina

150 ml/¼ pt/2/3 tazze di acqua

1 uovo sbattuto

225 g/8 oz/2 tazze di farina semplice (per tutti gli usi).

Pizzico di sale

100 g/4 once/½ tazza di zucchero semolato (molto fine).

Mettete la frutta, il burro o la margarina e l'acqua in una padella e lasciate cuocere per 20 minuti. Lasciare raffreddare. Aggiungete l'uovo, poi aggiungete gradualmente la farina, il sale e lo zucchero. Versare il composto in una tortiera da 20 cm unta e cuocere in forno preriscaldato a 160°C/325°F/gas mark 3 per 1 ora e 15 finché uno stecchino inserito al centro non esce pulito.

Torta Dundee

Produce una torta da 20 cm/8

225 g/8 oz/1 tazza di burro o margarina, ammorbidito

225 g/8 oz/1 tazza di zucchero semolato (molto fine).

4 uova grandi

225 g/8 oz/2 tazze di farina semplice (per tutti gli usi).

Pizzico di sale

350 g/12 once/2 tazze di ribes

350 g/12 oz/2 tazze di uva sultanina (uvetta dorata)

175 g/6 oz/1 tazza di buccia mista tritata (candita).

100 g/4 oz/1 tazza di ciliegie candite, tagliate in quarti

Buccia grattugiata di ½ limone

50 g di mandorle intere, pelate

Sbattere il burro e lo zucchero fino a quando diventano chiari e chiari. Sbattere le uova una alla volta, sbattendo bene tra ogni aggiunta. Mescolare farina e sale. Unire la frutta e la scorza di limone. Tritare la metà delle mandorle ed aggiungerle al composto. Versare il composto in una tortiera del diametro di 20 cm/8 unta e riempita e legare una striscia di carta da forno attorno all'esterno della tortiera in modo che sia circa 5 cm/2 cm più alta della tortiera. Tagliare a metà le mandorle messe da parte e disporle in cerchi concentrici sopra la torta. Cuocere in forno preriscaldato a 150°C/300°F/gas mark 2 per 3 ore e mezza, finché uno stecchino inserito al centro non esce pulito. Controllare dopo 2 ore e mezza e se la torta inizia a scurirsi troppo in superficie, coprire con carta da forno umida (cerata) e abbassare la temperatura del forno a 140°C/275°F/gas mark 1 per l'ultima ora di cottura.

Torta alla frutta notturna senza uova

Produce una torta da 20 cm/8

50 g/2 once/¼ tazza di burro o margarina

225 g/8 oz/2 tazze di farina autolievitante

5 ml/1 cucchiaino di bicarbonato di sodio (bicarbonato di sodio)

5 ml/1 cucchiaino di noce moscata grattugiata

5 ml/1 cucchiaino di pepe misto macinato (torta di mele).

Pizzico di sale

225 g/8 oz/11/3 tazze di frutta secca mista (mix per torta di frutta)

100 g/4 once/½ tazza di zucchero di canna morbido

250 ml/8 fl oz/1 tazza di latte

Strofinare il burro o la margarina con la farina, il bicarbonato di sodio, il pepe e il sale finché il composto non assomiglia al pangrattato. Unisci la frutta e lo zucchero, poi aggiungi il latte finché tutti gli ingredienti non saranno ben amalgamati. Coprire e lasciare riposare per una notte.

Versare il composto in una tortiera da 20 cm unta e foderata e cuocere in forno preriscaldato a 180°C/350°F/Gas 4 per 1 ora e ¾, finché uno stecchino inserito al centro non esce pulito.

Torta alla frutta impeccabile

Produce una torta di 23 cm/9 di diametro

225 g/8 once/1 tazza di burro o margarina

200 g/7 once/poco 1 tazza di zucchero a velo (molto fine).

175 g/6 once/1 tazza di ribes

175 g/6 oz/1 tazza di uva sultanina (uvetta dorata)

50 g/2 oz/½ tazza di buccia mista tritata (candita).

75 g/3 once/½ tazza di datteri snocciolati, tritati

5 ml/1 cucchiaino di bicarbonato di sodio (bicarbonato di sodio)

200 ml/7 fl oz/poca 1 tazza di acqua

75 g/2 once/¼ tazza di ciliegie glacé (candite), tritate

100 g/4 oz/1 tazza di noci miste tritate

60 ml/4 cucchiai di brandy o sherry

300 g/11 oz/2¾ tazze di farina semplice (per tutti gli usi).

5 ml/1 cucchiaino di lievito in polvere

Pizzico di sale

2 uova, leggermente sbattute

Sciogliere il burro o la margarina, quindi aggiungere lo zucchero, il ribes, l'uva sultanina, la scorza mista e i datteri. Mescolare il bicarbonato di sodio con un po' d'acqua e unire l'acqua rimanente al composto di frutta. Portare a ebollizione, quindi cuocere a fuoco lento per 20 minuti, mescolando di tanto in tanto. Coprire e lasciare riposare per una notte.

Imburrare e rivestire una tortiera da 23 cm/9 e foderarla con un doppio strato di carta oleata (cerata) o marrone in modo che rimanga sopra la parte superiore della tortiera. Unire al composto le ciliegie candite, le noci e il brandy o lo sherry, quindi aggiungere la farina, il lievito e il sale. Incorporare le uova. Versare il composto nella tortiera preparata e cuocere in forno preriscaldato a 160°C/325°F/gas livello 3 per 1 ora. Ridurre la temperatura del forno a 140°C/275°F/gas mark 1 e cuocere per un'altra ora. Ridurre nuovamente la temperatura del forno a 120°C/250°F/gas mark ½ e cuocere per un'altra ora, fino a quando uno stecchino inserito al centro risulta pulito. Verso fine cottura ricoprite la parte superiore della torta con un cerchio di carta da forno o da forno se dovesse risultare troppo scura. Lasciare raffreddare nello stampo per 30 minuti, quindi sformare su una gratella per completare il raffreddamento.

Torta Di Frutta Allo Zenzero

Produce una torta da 18 cm/7

100 g/4 once/½ tazza di burro o margarina, ammorbidito

100 g/4 once/½ tazza di zucchero semolato (molto fine).

2 uova, leggermente sbattute

30 ml/2 cucchiai di latte

225 g/8 oz/2 tazze di farina autolievitante

5 ml/1 cucchiaino di lievito in polvere

10 ml/2 cucchiaini di pepe macinato misto (torta di mele).

5 ml/1 cucchiaino di zenzero macinato

100 g/4 once/2/3 tazza di uvetta

100 g/4 oz/2/3 tazze di uva sultanina (uvetta dorata)

Sbattere il burro o la margarina e lo zucchero fino a ottenere un composto chiaro e soffice. Mescolare poco a poco le uova e il latte, poi aggiungere la farina, il lievito e le spezie, infine la frutta. Versare il composto in una tortiera (teglia) da 18 cm unta e foderata e cuocere in forno preriscaldato a 160°C/325°F/gas numero 3 per 1 ora e un quarto, finché non sarà ben lievitato e dorato.

Torta alla frutta e miele della fattoria

Produce una torta da 20 cm/8

175 g/6 once/2/3 tazza di burro o margarina, ammorbidito

175 g/6 oz/½ tazza di miele puro

Buccia grattugiata di 1 limone

3 uova, leggermente sbattute

225 g/8 oz/2 tazze di farina integrale (grano integrale).

10 ml/2 cucchiaini di lievito in polvere

5 ml/1 cucchiaino di pepe misto macinato (torta di mele).

100 g/4 once/2/3 tazza di uvetta

100 g/4 oz/2/3 tazze di uva sultanina (uvetta dorata)

100 g/4 once/2/3 tazza di ribes

50 g/2 oz/1/3 tazza di albicocche secche tritate pronte al consumo

50 g/2 oz/1/3 tazza di buccia mista tritata (candita).

25 g/1 oncia/¼ tazza di mandorle tritate

25 g/1 oncia/¼ tazza di mandorle

Sbattere il burro o la margarina, il miele e la scorza di limone fino a ottenere un composto chiaro e soffice. Aggiungere gradualmente le uova, quindi incorporare la farina, il lievito e il mix di spezie. Unire la frutta e le mandorle tritate. Versare il composto in una tortiera del diametro di 20 cm/8 unta e riempita e formare una leggera depressione al centro. Disporre le mandorle attorno al bordo superiore della torta. Cuocere in forno preriscaldato a 160°C/gas mark 3 per 2-2½ ore, finché uno stecchino infilato al centro esce pulito. Verso fine cottura, se dovesse risultare troppo dorata, ricoprite la superficie della torta con carta da forno. Lasciare raffreddare nella padella per 10 minuti, quindi trasferire su una gratella per completare il raffreddamento.

Torta genovese

Produce una torta di 23 cm/9 di diametro

225 g/8 oz/1 tazza di burro o margarina, ammorbidito

100 g/4 once/½ tazza di zucchero semolato (molto fine).

4 uova, separate

5 ml/1 cucchiaino di essenza di mandorla (estratto)

5 ml/1 cucchiaino di scorza d'arancia grattugiata

225 g/8 once/11/3 tazze di uvetta, tritata

100 g di ribes tritato

100 g/4 once/2/3 tazza di uva sultanina (uvetta dorata), tritata

50 g/2 once/¼ tazza di ciliegie glacé (candite), tritate

50 g/2 oz/1/3 tazza di buccia mista tritata (candita).

100 g/4 once/1 tazza di mandorle tritate

25 g/1 oncia/¼ tazza di mandorle

350 g/12 once/3 tazze di farina semplice (per tutti gli usi).

10 ml/2 cucchiaini di lievito in polvere

5 ml/1 cucchiaino di cannella in polvere

Montare a crema il burro o la margarina e lo zucchero, quindi sbattere i tuorli d'uovo, l'essenza di mandorle e la scorza d'arancia. Mescolare la frutta e le noci con un po' di farina fino a ricoprirle, quindi unire i cucchiai di farina, il lievito e la cannella alternandoli al composto di frutta fino a quando il tutto sarà ben amalgamato. Montare gli albumi a neve ben ferma, che poi uniremo al composto. Versare in una tortiera unta e foderata del diametro di

23 cm/9 e cuocere in forno preriscaldato a 190°C/gas 5 per 30 minuti, quindi abbassare la temperatura del forno a 160°C/325°F /gas mark 3 per altre 1,5 ore, finché non diventa elastico al tatto e uno spiedino inserito al centro risulta pulito. Lasciare raffreddare nella forma.

Torta glassata alla frutta

Produce una torta di 23 cm/9 di diametro

225 g/8 oz/1 tazza di burro o margarina, ammorbidito

225 g/8 oz/1 tazza di zucchero semolato (molto fine).

4 uova, leggermente sbattute

45 ml/3 cucchiai di brandy

250 g/9 once/1 tazza e ¼ di farina semplice (per tutti gli usi).

2,5 ml/½ cucchiaino di lievito in polvere

Pizzico di sale

225 g/8 oz/1 tazza di frutta mista glacé (candita) come ciliegie, ananas, arance, fichi, a fette

100 g/4 once/2/3 tazza di uvetta

100 g/4 oz/2/3 tazze di uva sultanina (uvetta dorata)

75 g/3 once/½ tazza di ribes

50 g/2 once/½ tazza di noci miste tritate

Buccia grattugiata di 1 limone

Sbattere il burro o la margarina e lo zucchero fino a ottenere un composto chiaro e soffice. Unire gradualmente le uova e il brandy. In una ciotola separata, mescolare gli ingredienti rimanenti fino a quando la frutta sarà ben ricoperta di farina. Incorporate al composto e mescolate bene. Versare in una tortiera unta con un diametro di 23 cm/9 e cuocere in forno preriscaldato a 180°C/350°F/gas livello 4 per 30 minuti. Ridurre la temperatura del forno a 150°C/300°F/gas mark 3 e cuocere per altri 50 minuti, fino a quando uno stecchino inserito al centro risulta pulito.

Torta alla frutta con Guinness

Produce una torta di 23 cm/9 di diametro

225 g/8 once/1 tazza di burro o margarina

225 g/8 oz/1 tazza di zucchero di canna morbido

300 ml/½ pt/1¼ tazza di Guinness o stout

225 g/8 once/11/3 tazze di uvetta

225 g/8 oz/11/3 tazze di uva sultanina (uvetta dorata)

225 g/8 once/11/3 tazze di ribes

100 g/4 oz/2/3 tazza di buccia mista (candita) tritata

550 g/1¼ lb/5 tazze di farina semplice (per tutti gli usi).

2,5 ml/½ cucchiaino di bicarbonato di sodio (bicarbonato di sodio)

5 ml/1 cucchiaino di pepe misto macinato (torta di mele).

2,5 ml/½ cucchiaino di noce moscata grattugiata

3 uova, leggermente sbattute

Portare a ebollizione il burro o la margarina, lo zucchero e la Guinness in un pentolino a fuoco medio e mescolare finché non saranno ben amalgamati. Unire la frutta e la buccia mista, portare ad ebollizione e cuocere per 5 minuti. Togliere dal fuoco e lasciare raffreddare.

Mescolare la farina, il bicarbonato e le spezie e formare una fontana al centro. Aggiungere il composto freddo di frutta e le uova e mescolare fino ad ottenere un composto ben amalgamato. Versare la torta in una tortiera imburrata e infarinata del diametro di 23 cm e cuocere in forno preriscaldato a 160°C per 2 ore, finché uno stecchino infilato al centro non esce pulito. Lasciare raffreddare nello stampo per 20 minuti, quindi sformare su una gratella per completare il raffreddamento.

Torta di carne macinata

Produce una torta da 20 cm/8

225 g/8 oz/2 tazze di farina autolievitante

350 g/12 once/2 tazze di carne macinata

75 g/3 oz/½ tazza di frutta mista secca (mix per torta di frutta)

3 uova

150 g/5 once/2/3 tazze di margarina morbida

150 g/5 once/2/3 tazza di zucchero di canna morbido

Mescolare tutti gli ingredienti finché non saranno ben amalgamati. Disporre in una tortiera da 20 cm unta e foderata e cuocere in forno preriscaldato a 160°C/325°F/gas mark 3 per 1 ora e ¾, finché non sarà ben lievitato e sodo al tatto.

Torta di frutta all'avena e albicocca

Produce una torta da 20 cm/8

175 g/6 once/¾ tazza di burro o margarina, ammorbidito

50 g/2 once/¼ tazza di zucchero di canna morbido

30 ml/2 cucchiai di miele puro

3 uova sbattute

175 g/6 once/¼ tazza di farina integrale (frumento integrale).

50 g/2 once/½ tazza di farina d'avena

10 ml/2 cucchiaini di lievito in polvere

250 g/9 once/1 tazza e ½ di frutta mista secca (miscela per torta di frutta)

50 g/2 oz/1/3 tazza di albicocche secche tritate pronte al consumo

Buccia grattugiata e succo di 1 limone

Sbattere il burro o la margarina e lo zucchero con il miele fino a ottenere un composto chiaro e soffice. Sbattere gradualmente le uova alternandole con farina e lievito. Unire la frutta secca, il succo e la scorza di limone. Versare il composto in una tortiera del diametro di 20 cm unta e riempita e cuocere in forno preriscaldato a 180°C/livello 4 per 1 ora. Ridurre la temperatura del forno a 160°C/325°F/gas mark 3 e cuocere per altri 30 minuti, fino a quando uno stecchino inserito al centro risulta pulito. Se la torta inizia a scurirsi troppo velocemente, copritela con carta da forno.

Torta alla frutta notturna

Produce una torta da 20 cm/8

450 g/1 libbra/4 tazze di farina semplice (per tutti gli usi).

225 g/8 once/11/3 tazze di ribes

225 g/8 oz/11/3 tazze di uva sultanina (uvetta dorata)

225 g/8 oz/1 tazza di zucchero di canna morbido

50 g/2 oz/1/3 tazza di buccia mista tritata (candita).

175 g di strutto (grasso)

15 ml/1 cucchiaio di sciroppo di mais dorato (mais chiaro).

10 ml/2 cucchiaini di bicarbonato di sodio (bicarbonato di sodio)

15 ml/1 cucchiaio di latte

300 ml/½ pt/1¼ tazze di acqua

Mescolare farina, frutta, zucchero e scorza. Sciogliere l'unguento e lo sciroppo e incorporarli al composto. Sciogliere il bicarbonato nel latte e unirlo all'impasto della torta insieme all'acqua. Versare in una tortiera unta con un diametro di 20 cm/8 cm, coprire e lasciare riposare per una notte.

Cuocere la torta in forno preriscaldato a 160°C/375°F/gas mark 3 per 1 ora e ¾, finché uno stecchino inserito al centro non esce pulito.

Torta con uvetta e spezie

Produce una pagnotta da 900 g/2 libbre

225 g/8 oz/1 tazza di zucchero di canna morbido

300 ml/½ pt/1¼ tazze di acqua

100 g/4 once/½ tazza di burro o margarina

15 ml/1 cucchiaio di melassa di cacao (melassa)

175 g/6 once/1 tazza di uvetta

5 ml/1 cucchiaino di cannella in polvere

2. 5 ml/½ cucchiaino di noce moscata grattugiata

2,5 ml/½ cucchiaino di pimento

225 g/8 oz/2 tazze di farina semplice (per tutti gli usi).

5 ml/1 cucchiaino di lievito in polvere

5 ml/1 cucchiaino di bicarbonato di sodio (bicarbonato di sodio)

Sciogliere lo zucchero, l'acqua, il burro o la margarina, la melassa, l'uvetta e le spezie in un pentolino a fuoco basso, mescolando continuamente. Portare a ebollizione e cuocere per 5 minuti. Togliere dal fuoco e mantecare con gli altri ingredienti. Versare il composto in uno stampo a cassetta da 900 g unto e foderato e cuocere in forno preriscaldato a 180°C/350°F/gas mark 4 per 50 minuti, finché uno stecchino inserito al centro non esce pulito.

Torta Richmond

Produce una torta da 15 cm/6 di diametro

225 g/8 oz/2 tazze di farina semplice (per tutti gli usi).

Pizzico di sale

75 g/3 once/1/3 tazza di burro o margarina

100 g/4 once/½ tazza di zucchero semolato (molto fine).

2,5 ml/½ cucchiaino di lievito in polvere

100 g/4 once/2/3 tazza di ribes

2 uova, sbattute

Un po' di latte

Mettete la farina e il sale in una ciotola e aggiungete il burro o la margarina fino a quando il composto non assomiglierà al pangrattato. Mescolare lo zucchero, il lievito e l'uvetta. Aggiungete le uova e il latte quanto basta per ottenere un impasto sodo. Versare in una tortiera imburrata e foderata del diametro di 15 cm/6. Cuocere in forno preriscaldato a 190°C/gas mark 5 per circa 45 minuti, finché uno stecchino infilato al centro non uscirà pulito. Lasciare raffreddare su una gratella.

Torta alla frutta allo zafferano

Produce due torte da 450 g/1 libbra

2,5 ml/½ cucchiaino di fili di zafferano

Acqua calda

15 g/½ oz di lievito fresco o 20 ml/4 cucchiaini di lievito secco

900 g/2 libbre/8 tazze di farina semplice (per tutti gli usi).

225 g/8 oz/1 tazza di zucchero semolato (molto fine).

2,5 ml/½ cucchiaino di pimento misto macinato (torta di mele).

Pizzico di sale

100 g/4 once/½ tazza di strutto (grasso)

100 g/4 once/½ tazza di burro o margarina

300 ml/½ punto/1¼ tazza di latte caldo

350 g/12 oz/2 tazze di frutta secca mista (mix per torta di frutta)

50 g di buccia mista (candita) tritata

> Tritare i fili di zafferano e metterli in ammollo per una notte in 45 ml/3 cucchiai di acqua tiepida.

Mescolare il lievito con 30 ml/2 cucchiai di farina, 5 ml/1 cucchiaio di zucchero e 75 ml/5 cucchiai di acqua tiepida e lasciarlo in un luogo tiepido per 20 minuti finché non diventa schiumoso.

Mescolare la farina e lo zucchero rimanenti con pepe e sale. Strofinare insieme lo strutto e il burro o la margarina fino a ottenere un composto che assomigli al pangrattato, quindi formare una fontana al centro. Aggiungete il composto di lievito, lo zafferano e lo zafferano liquido, il latte tiepido, la frutta e le scorze miste e amalgamate un impasto liscio. Mettere in una ciotola unta d'olio, coprire con pellicola alimentare (pellicola di plastica) e lasciare in un luogo tiepido per 3 ore.

Formare due pagnotte, disporle in due stampi (teglie) unte da 450 g/1 libbra e cuocere in forno preriscaldato a 220°C/450°F/Gas 7 per 40 minuti finché non saranno ben lievitate e dorate.

Torta alla frutta soda

Produce una torta da 450 g/1 libbra

225 g/8 oz/2 tazze di farina semplice (per tutti gli usi).

1,5 ml/¼ cucchiaino di sale

Un pizzico di bicarbonato di sodio (bicarbonato di sodio)

50 g/2 once/¼ tazza di burro o margarina

50 g/2 once/¼ di tazza di zucchero semolato (molto fine).

100 g/4 once/2/3 tazza di frutta mista secca (miscela per torta di frutta)

150 ml/¼ pt/2/3 tazze di latte acido o latte con 5 ml/1 cucchiaino di succo di limone

5 ml/1 cucchiaino di melassa nera (melassa)

Mescolare in una ciotola la farina, il sale e il bicarbonato. Strofinare il burro o la margarina fino a quando il composto non assomiglia al pangrattato. Unire lo zucchero e la frutta e mescolare bene. Riscaldare il latte e la melassa fino a quando la melassa si scioglie, quindi aggiungere agli ingredienti secchi e mescolare fino ad ottenere un impasto sodo. Versare un cucchiaio in uno stampo a cassetta da 450 g/1 libbra (teglia) unta e cuocere in forno preriscaldato a 190 °C/375 °F/gas numero 5 per circa 45 minuti fino a doratura.

Torta veloce alla frutta

Produce una torta da 20 cm/8

450 g/1 lb/22/3 tazze di frutta secca mista (mix per torta di frutta)

225 g/8 oz/1 tazza di zucchero di canna morbido

100 g/4 once/½ tazza di burro o margarina

150 ml/¼ pt/2/3 tazze di acqua

2 uova, sbattute

225 g/8 oz/2 tazze di farina autolievitante

Portare a ebollizione la frutta, lo zucchero, il burro o la margarina e l'acqua, quindi coprire e cuocere a fuoco lento per 15 minuti. Lasciare raffreddare. Sbattere insieme l'uovo e la farina, quindi versare il composto in una tortiera da 20 cm unta e foderata e cuocere in forno preriscaldato a 150°C/300°F/gas mark 3 per 1,5 ore, fino a quando la superficie sarà dorata e si sarà ritirata.. con. lontano dalle pareti della piastra.

Torta alla frutta con tè caldo

Produce una torta da 900 g/2 libbre

450 g/1 libbra/2 tazze e ½ di frutta mista secca (miscela per torta di frutta)

300 ml/½ punto/1¼ tazza di tè nero caldo

350 g/10 oz/1 ¼ tazza di zucchero di canna morbido

350 g/10 oz/2 ½ tazze di farina autolievitante (autolievitante).

1 uovo sbattuto

Metti la frutta nel tè caldo e lasciala in infusione per tutta la notte. Mescolare lo zucchero, la farina e l'uovo e disporli in uno stampo da plumcake da 900 g unto e foderato. Cuocere in forno preriscaldato a 160°C/325°F/gas numero 3 per 2 ore fino a quando saranno ben lievitati e dorati.

Torta fredda alla frutta e tè

Produce una torta da 15 cm/6 di diametro

100 g/4 once/½ tazza di burro o margarina

225 g/8 oz/1 1/3 tazze di frutta secca mista (mix per torta di frutta)

250 ml/8 fl oz/1 tazza di tè nero freddo

225 g/8 oz/2 tazze di farina autolievitante

100 g/4 once/½ tazza di zucchero semolato (molto fine).

5 ml/1 cucchiaino di bicarbonato di sodio (bicarbonato di sodio)

1 uovo grande

Sciogliere il burro o la margarina in un pentolino, aggiungere la frutta e il tè e portare a ebollizione. Far bollire per 2 minuti, quindi lasciare raffreddare. Unire i restanti ingredienti e amalgamare bene. Versare un cucchiaio in una tortiera da 15 cm unta e foderata e cuocere in forno preriscaldato a 160°C/325°F/gas mark 3 per 1 ora e ¼-1 ½ fino a quando non diventa solido al tatto. Lasciare raffreddare, quindi servire tagliato a fette e spennellato di burro.

Torta alla frutta senza zucchero

Produce una torta da 20 cm/8

4 albicocche secche

60 ml/4 cucchiai di succo d'arancia

250 ml/8 fl oz/1 tazza di birra scura

100 g/4 oz/2/3 tazze di uva sultanina (uvetta dorata)

100 g/4 once/2/3 tazza di uvetta

50 g/2 once/¼ tazza di ribes

50 g/2 once/¼ tazza di burro o margarina

225 g/8 oz/2 tazze di farina autolievitante

75 g/3 once/¾ tazza di noci miste tritate

10 ml/2 cucchiaini di pepe macinato misto (torta di mele).

5 ml/1 cucchiaino di caffè solubile in polvere

3 uova, leggermente sbattute

15 ml/1 cucchiaio di brandy o whisky

Immergere le albicocche nel succo d'arancia fino a renderle morbide, quindi affettarle. Metterlo in una padella con la frutta composta, la frutta secca e il burro o la margarina, portare a ebollizione e cuocere per 20 minuti. Lasciare raffreddare.

Mescolare la farina, le noci, le spezie e il caffè. Mescolare il composto denso, le uova e il brandy o il whisky. Versare il composto in una tortiera del diametro di 20 cm unta e riempita e cuocere in forno preriscaldato a 180°C/livello 4 per 20 minuti. Ridurre la temperatura del forno a 150°C/300°F/gas mark 2 e cuocere per un'altra ora e mezza, fino a quando uno stecchino inserito al centro risulta pulito. Verso fine cottura, se dovesse risultare troppo marrone, coprite la superficie con carta da forno (cerata). Lasciare raffreddare nello stampo per 10 minuti, quindi trasferire su una gratella per completare il raffreddamento.

Piccole torte alla frutta

Sta compiendo 48 anni

100 g/4 once/½ tazza di burro o margarina, ammorbidito

225 g/8 oz/1 tazza di zucchero di canna morbido

2 uova, leggermente sbattute

175 g/6 once/1 tazza di datteri snocciolati, tritati

50 g/2 once/½ tazza di noci miste tritate

15 ml/1 cucchiaio di scorza d'arancia grattugiata

225 g/8 oz/2 tazze di farina semplice (per tutti gli usi).

5 ml/1 cucchiaino di bicarbonato di sodio (bicarbonato di sodio)

2,5 ml/½ cucchiaino di sale

150 ml/¼ pt/2/3 tazza di latticello

6 ciliegie candite, tagliate a fettine

Glassa all'arancia per torta alla frutta

Sbattere il burro o la margarina e lo zucchero fino a ottenere un composto chiaro e soffice. Sbattere le uova un po' alla volta. Unire i datteri, le noci e la scorza d'arancia. Mescolare la farina, il bicarbonato e il sale. Aggiungete il latticello alternativamente al composto e sbattete fino ad ottenere un composto ben amalgamato. Versare il composto negli stampini per muffin da 5 cm/2 unti e decorare con le ciliegie. Cuocere in forno preriscaldato a 190°C/gas mark 5 per 20 minuti, finché uno stecchino infilato al centro esce pulito. Trasferire su una griglia e lasciare raffreddare, quindi spennellare con la glassa all'arancia.

Torta di frutta con aceto

Produce una torta di 23 cm/9 di diametro

225 g/8 once/1 tazza di burro o margarina

450 g/1 libbra/4 tazze di farina semplice (per tutti gli usi).

225 g/8 oz/11/3 tazze di uva sultanina (uvetta dorata)

100 g/4 once/2/3 tazza di uvetta

100 g/4 once/2/3 tazza di ribes

225 g/8 oz/1 tazza di zucchero di canna morbido

5 ml/1 cucchiaino di bicarbonato di sodio (bicarbonato di sodio)

300 ml/½ punto/1¼ tazza di latte

45 ml/3 cucchiai di aceto di malto

Strofinare il burro o la margarina nella farina fino a quando il composto non assomiglia al pangrattato. Unire la frutta e lo zucchero e formare una fontana al centro. Mescolare il bicarbonato di sodio, il latte e l'aceto: il composto formerà schiuma. Mescolare gli ingredienti secchi finché non saranno ben amalgamati. Versare il composto in una tortiera del diametro di 23 cm unta e riempita e cuocere in forno preriscaldato a 200°C/gas numero 6 per 25 minuti. Ridurre la temperatura del forno a 160°C/325°F/gas mark 3 e cuocere per un'altra ora e mezza, fino a quando saranno dorati e sodi al tatto. Lasciare raffreddare nello stampo per 5 minuti, quindi sformare su una gratella per completare il raffreddamento.

Torta al whisky della Virginia

Produce una torta da 450 g/1 libbra

100 g/4 once/½ tazza di burro o margarina, ammorbidito

50 g/2 once/¼ di tazza di zucchero semolato (molto fine).

3 uova, separate

175 g/6 once/1 tazza e ½ di farina semplice (per tutti gli usi).

5 ml/1 cucchiaino di lievito in polvere

Un pizzico di noce moscata grattugiata

Un pizzico di macis macinato

Porta da 120 ml/4 fl oz/½ tazza

30 ml/2 cucchiai di brandy

100 g/4 once/2/3 tazza di frutta mista secca (miscela per torta di frutta)

120 ml/4 fl oz/½ tazza di whisky

Sbattere burro e zucchero fino a ottenere un composto liscio. Incorporare i tuorli. Mescolare la farina, il lievito e le spezie e incorporarli al composto. Mescolare il porto, il brandy e la frutta secca. Montare gli albumi a neve morbida e poi incorporarli al composto. Versare il composto in uno stampo a cassetta da 450 g/1 libbra unto e cuocere in forno preriscaldato a 160 °C/325 °F/gas livello 3 per 1 ora, fino a quando uno stecchino inserito al centro risulta pulito. Lasciare raffreddare nello stampo, quindi versare il whisky sulla torta e lasciare nello stampo per 24 ore prima di affettare.

Torta alla frutta gallese

Produce una torta di 23 cm/9 di diametro

50 g/2 once/¼ tazza di burro o margarina

50 g/2 once/¼ tazza di strutto (grasso)

225 g/8 oz/2 tazze di farina semplice (per tutti gli usi).

Pizzico di sale

10 ml/2 cucchiaini di lievito in polvere

100 g/4 once/½ tazza di zucchero demerara

175 g/6 oz/1 tazza di frutta mista secca (miscela per torta di frutta)

Buccia grattugiata e succo di ½ limone

1 uovo, leggermente sbattuto

30 ml/2 cucchiai di latte

Strofinare il burro o la margarina e lo strutto con la farina, il sale e il lievito fino a ottenere un composto che assomigli al pangrattato. Unire lo zucchero, la frutta, la scorza e il succo di limone, quindi unire l'uovo e il latte e amalgamare fino ad ottenere un impasto liscio. Formate una teglia quadrata da 23 cm/9 unta e foderata e cuocete in forno preriscaldato a 200°C/400°F/Gas 6 per 20 minuti finché non sarà lievitato e dorato.

Torta alla frutta bianca

Produce una torta di 23 cm/9 di diametro

100 g/4 once/½ tazza di burro o margarina, ammorbidito

225 g/8 oz/1 tazza di zucchero semolato (molto fine).

5 uova, leggermente sbattute

350 g/12 oz/2 tazze di frutta secca mista

350 g/12 oz/2 tazze di uva sultanina (uvetta dorata)

100 g di datteri snocciolati (snocciolati), tritati

100 g/4 oz/½ tazza di ciliegie glacé (candite), tritate

100 g/4 oz/½ tazza di ananas glacé (candito), tritato

100 g/4 oz/1 tazza di noci miste tritate

225 g/8 oz/2 tazze di farina semplice (per tutti gli usi).

10 ml/2 cucchiaini di lievito in polvere

2,5 ml/½ cucchiaino di sale

60 ml/4 cucchiai di succo di ananas

Sbattere il burro o la margarina e lo zucchero fino a ottenere un composto chiaro e soffice. Aggiungere gradualmente le uova, sbattendo bene dopo ogni aggiunta. Mescolare tutta la frutta, le noci e un po' di farina fino a quando gli ingredienti saranno ben ricoperti di farina. Mescolare il lievito e il sale con la farina rimanente, quindi unirlo al composto di uova alternandolo con il succo di ananas fino ad ottenere un composto omogeneo. Unire la frutta e mescolare bene. Versatela in una tortiera del diametro di 23 cm unta e foderata e cuocete in forno preriscaldato a 140°C/gas mark 1 per circa 2 ore e mezza, finché uno stecchino infilato al centro non uscirà pulito. Lasciare raffreddare nello stampo per 10 minuti, quindi trasferire su una gratella per completare il raffreddamento.

torta di mele

Produce una torta da 20 cm/8

175 g/6 oz/1 tazza e ½ di farina autolievitante (autolievitante).

5 ml/1 cucchiaino di lievito in polvere

Pizzico di sale

150 g/5 once/2/3 tazza di burro o margarina

150 g/5 once/2/3 tazza di zucchero semolato (molto fine).

1 uovo sbattuto

175 ml/6 fl oz/¾ tazza di latte

3 mele da tavola (da dessert), sbucciate, senza torsolo e affettate

2,5 ml/½ cucchiaino di cannella in polvere

15 ml/1 cucchiaio di miele puro

Mescolare farina, lievito e sale. Aggiungi il burro o la margarina finché il composto non assomiglia al pangrattato, quindi aggiungi lo zucchero. Mescolare l'uovo e il latte. Versare il composto in una tortiera del diametro di 20 cm/8 imburrata e foderata e pressare delicatamente sopra le fettine di mela. Spolverare con cannella e irrorare con miele. Cuocere in forno preriscaldato a 200°C/400°F/Gas 6 per 45 minuti fino a quando saranno dorati e sodi al tatto.

Torta di mele speziata con copertura croccante

Produce una torta da 20 cm/8

75 g/3 once/1/3 tazza di burro o margarina

175 g/6 oz/1 tazza e ½ di farina autolievitante (autolievitante).

50 g/2 once/¼ di tazza di zucchero semolato (molto fine).

1 uovo

75 ml/5 cucchiai di acqua

3 mele da consumo (da dessert), sbucciate, senza torsolo e tagliate a mezzaluna

Per la farcitura:
75 g/3 once/1/3 tazza di zucchero demerara

10 ml/2 cucchiaini di cannella in polvere

25 g/1 oncia/2 cucchiai di burro o margarina

Strofinare il burro o la margarina nella farina fino a quando il composto non assomiglia al pangrattato. Unire lo zucchero, poi l'uovo e l'acqua e ottenere un impasto morbido. Se il composto risultasse troppo asciutto aggiungete ancora un po' d'acqua. Stendere l'impasto in una tortiera del diametro di 20 cm/8 e pressare le mele nell'impasto. Cospargere con zucchero demerara e cannella e condire con burro o margarina. Cuocere in forno preriscaldato a 180°C/350°F/gas 4 per 30 minuti fino a quando saranno dorati e sodi al tatto.

Torta di mele americana

Produce una torta da 20 cm/8

50 g/2 once/¼ tazza di burro o margarina, ammorbidito

225 g/8 oz/1 tazza di zucchero di canna morbido

1 uovo, leggermente sbattuto

5 ml/1 cucchiaino di essenza di vaniglia (estratto)

100 g/4 oz/1 tazza di farina semplice (per tutti gli usi).

2,5 ml/½ cucchiaino di lievito in polvere

2,5 ml/½ cucchiaino di bicarbonato di sodio (bicarbonato di sodio)

2,5 ml/½ cucchiaino di sale

2,5 ml/½ cucchiaino di cannella in polvere

2,5 ml/½ cucchiaino di noce moscata grattugiata

450 g/1 libbra di mele da tavola (dessert), sbucciate, senza torsolo e tagliate a cubetti

25 g/1 oncia/¼ tazza di mandorle, tritate

Sbattere il burro o la margarina e lo zucchero fino a ottenere un composto chiaro e soffice. Sbattere gradualmente l'uovo e l'essenza di vaniglia. Unisci la farina, il lievito, il bicarbonato di sodio, il sale e il pepe e aggiungi il composto fino ad ottenere un composto omogeneo. Incorporate le mele e le noci. Versare un cucchiaio in una teglia quadrata da 20 cm unta e foderata e cuocere in forno preriscaldato a 180°C/gas 4 per 45 minuti, finché uno stecchino infilato al centro non uscirà pulito.

Torta con purea di mele

Produce una torta da 900 g/2 libbre

100 g/4 once/½ tazza di burro o margarina, ammorbidito

225 g/8 oz/1 tazza di zucchero di canna morbido

2 uova, leggermente sbattute

225 g/8 oz/2 tazze di farina semplice (per tutti gli usi).

5 ml/1 cucchiaino di cannella in polvere

2,5 ml/½ cucchiaino di noce moscata grattugiata

100 g/4 oz/1 tazza di salsa di mele (salsa)

5 ml/1 cucchiaino di bicarbonato di sodio (bicarbonato di sodio)

30 ml/2 cucchiai di acqua calda

Sbattere il burro o la margarina e lo zucchero fino a ottenere un composto chiaro e soffice. Unire gradualmente le uova. Unire la farina, la cannella, la noce moscata e la purea di mele. Mescolare il bicarbonato di sodio con l'acqua calda e incorporarlo al composto. Versare il composto in uno stampo da plumcake unto da 900 g/2 libbre e cuocere in forno preriscaldato a 180 °C/350 °F/gas mark 4 per 1 ora e 15, finché uno stecchino inserito al centro non esce pulito.

Torta al sidro di mele

Produce una torta da 20 cm/8

100 g/4 once/½ tazza di burro o margarina, ammorbidito

150 g/5 once/2/3 tazza di zucchero semolato (molto fine).

3 uova

225 g/8 oz/2 tazze di farina autolievitante

5 ml/1 cucchiaino di pepe misto macinato (torta di mele).

5 ml/1 cucchiaino di bicarbonato di sodio (bicarbonato di sodio)

5 ml/1 cucchiaino di lievito in polvere

150 ml/¼ pt/2/3 tazza di sidro di mele secco

2 mele bollite, sbucciate, senza torsolo e affettate

75 g/3 once/1/3 tazza di zucchero demerara

100 g/4 oz/1 tazza di noci miste tritate

Mescolare il burro o la margarina, lo zucchero, l'uovo, la farina, il pepe, il bicarbonato di sodio, il lievito e 120 ml/4 fl oz/½ tazza di sidro di mele fino ad ottenere un composto ben amalgamato, aggiungendo il sidro rimanente se necessario per ottenere un impasto liscio. Versare metà del composto in una tortiera del diametro di 20 cm/8 unta e foderata e ricoprire con metà delle fettine di mela. Mescolare lo zucchero e le noci e distribuirne la metà sulle mele. Versare il composto rimanente della torta e guarnire con le mele rimanenti e il resto del composto di zucchero e noci. Cuocere in forno preriscaldato a 180°C/350°F/gas 4 per 1 ora fino a quando saranno dorati e sodi al tatto.

Torta di mele e cannella

Produce una torta di 23 cm/9 di diametro

100 g/4 once/½ tazza di burro o margarina

100 g/4 once/½ tazza di zucchero semolato (molto fine).

1 uovo, leggermente sbattuto

100 g/4 oz/1 tazza di farina semplice (per tutti gli usi).

5 ml/1 cucchiaino di lievito in polvere

30 ml/2 cucchiai di latte (facoltativo)

2 grandi mele da cucina, sbucciate, senza torsolo e affettate

30 ml/2 cucchiai di zucchero semolato (morbido).

5 ml/1 cucchiaino di cannella in polvere

25 g/1 oncia/¼ tazza di mandorle, tritate

30 ml/2 cucchiai di zucchero demerara

Sbattere il burro o la margarina e lo zucchero fino a ottenere un composto chiaro e soffice. Sbattere gradualmente l'uovo, quindi incorporare la farina e il lievito. Il composto dovrà risultare piuttosto consistente; se dovesse risultare troppo duro aggiungete un po' di latte. Versare metà del composto in una tortiera del diametro di 23 cm/9, imburrata e foderata, con il fondo staccabile. Disporre sopra le fette di mela. Mescolare lo zucchero e la cannella e cospargere le mele con le mandorle. Ricoprire con il restante composto della torta e cospargere con zucchero demerara. Cuocere in forno preriscaldato a 180°C/gas mark 4 per 30-35 minuti, finché uno stecchino infilato al centro esce pulito.

Torta di mele spagnola

Produce una torta di 23 cm/9 di diametro

175 g/6 once/¾ tazza di burro o margarina

6 Cox mangiano mele (da dessert), sbucciate, senza torsolo e affettate

30 ml/2 cucchiai di brandy di mele

175 g di zucchero semolato (molto fine).

150 g/5 once/1 tazza e ¼ di farina semplice (per tutti gli usi).

10 ml/2 cucchiaini di lievito in polvere

5 ml/1 cucchiaino di cannella in polvere

3 uova, leggermente sbattute

45 ml/3 cucchiai di latte

Per la farcitura:

60 ml/4 cucchiai di marmellata di albicocche (conservata), filtrata (colata)

15 ml/1 cucchiaio di brandy di mele

5 ml/1 cucchiaino di farina di mais (amido di mais)

10 ml/2 cucchiaini di acqua

Sciogliere il burro o la margarina in una padella capiente e friggere i pezzi di mela a fuoco basso per 10 minuti, mescolando una volta per ricoprirli di burro. Togliere dal fuoco. Affetta un terzo delle mele e aggiungi il brandy di mele, quindi aggiungi lo zucchero, la farina, il lievito e la cannella. Aggiungete l'uovo e il latte e versate il tutto in uno stampo da torta (23 cm/9) imburrato e infarinato con il fondo staccabile. Disporre sopra le restanti fette di mela. Cuocere in forno preriscaldato a 180°C/gas numero 4 per 45 minuti, fino a quando saranno ben lievitati e dorati e inizieranno a staccarsi dalle pareti dello stampo.

Per preparare la glassa, scaldare la marmellata e il brandy. Mescolare la farina di mais con l'acqua per formare una pasta e aggiungere la marmellata e il brandy. Cuocere per qualche minuto, mescolando continuamente, fino a quando diventa trasparente. Spalmate sulla torta ancora calda e lasciatela raffreddare per 30 minuti. Togliere i bordi della tortiera, scaldare nuovamente la glassa e stenderla ancora una volta. Lasciare raffreddare.

Torta di mele e uva sultanina

Produce una torta da 20 cm/8

350 g/12 oz/3 tazze di farina autolievitante

Pizzico di sale

2,5 ml/½ cucchiaino di cannella in polvere

225 g/8 once/1 tazza di burro o margarina

175 g di zucchero semolato (molto fine).

100 g/4 oz/2/3 tazze di uva sultanina (uvetta dorata)

450 g di mele cotte, sbucciate, senza torsolo e tritate finemente

2 uova

Un po' di latte

Mescolare la farina, il sale e la cannella, quindi incorporare il burro o la margarina fino a ottenere un composto che assomigli al pangrattato. Incorporare lo zucchero. Formate una fontana al centro e aggiungete l'uvetta, le mele e le uova e mescolate bene, aggiungendo un po' di latte fino ad ottenere un composto consistente. Versare il composto in una tortiera da 20 cm unta e cuocere in forno preriscaldato a 180°C/350°F/gas mark 4 per circa 1 ora e mezza-2 fino a quando non sarà sodo al tatto. Servire caldo o freddo.

Torta di mele rovesciata

Produce una torta di 23 cm/9 di diametro

2 mele da tavola (da dessert), sbucciate, senza torsolo e affettate sottilmente

75 g/3 once/1/3 tazza di zucchero di canna morbido

45 ml/3 cucchiai di uvetta

30 ml/2 cucchiai di succo di limone

Per la torta:

200 g/7 oz/1¾ tazze di farina semplice (per tutti gli usi).

50 g/2 once/¼ di tazza di zucchero semolato (molto fine).

10 ml/2 cucchiaini di lievito in polvere

5 ml/1 cucchiaino di bicarbonato di sodio (bicarbonato di sodio)

5 ml/1 cucchiaino di cannella in polvere

Pizzico di sale

120 ml/4 fl oz/½ tazza di latte

50 g/2 oz/½ tazza di salsa di mele (salsa)

75 ml/5 cucchiai di olio

1 uovo, leggermente sbattuto

5 ml/1 cucchiaino di essenza di vaniglia (estratto)

Mescolare le mele, lo zucchero, l'uvetta e il succo di limone e disporle sul fondo di una tortiera unta del diametro di 23 cm/9. Mescolare gli ingredienti secchi per la torta e formare una fontana al centro. Unisci il latte, la salsa di mele, l'olio, l'uovo e l'essenza di vaniglia e aggiungi gli ingredienti secchi finché non saranno ben amalgamati. Versare il composto nella tortiera e cuocere in forno preriscaldato a 180°C/gas numero 4 per 40 minuti, fino a quando la torta sarà dorata e si sarà ritirata dalle pareti della tortiera.

Lasciare raffreddare nello stampo per 10 minuti, quindi sformare con attenzione su un piatto. Servire caldo o freddo.

Torta di albicocche

Produce una pagnotta da 900 g/2 libbre

225 g/8 oz/1 tazza di burro o margarina, ammorbidito

225 g/8 oz/1 tazza di zucchero semolato (molto fine).

2 uova, ben sbattute

6 albicocche mature, snocciolate, sbucciate e schiacciate

300 g/11 oz/2¾ tazze di farina semplice (per tutti gli usi).

5 ml/1 cucchiaino di bicarbonato di sodio (bicarbonato di sodio)

Pizzico di sale

75 g/3 once/¾ tazza di mandorle, tritate

Sbattere il burro o la margarina e lo zucchero. Sbattere gradualmente le uova, quindi aggiungere le albicocche. Sbattere la farina, il bicarbonato di sodio e il sale. Incorporare le noci. Versare il composto in una teglia da 900 g unta e infarinata e cuocere in forno preriscaldato a 180°C/gas 4 per 1 ora, finché uno stecchino infilato al centro non esce pulito. Lasciare raffreddare nello stampo prima di sformare.

Torta di albicocche e zenzero

Produce una torta da 18 cm/7

100 g/4 oz/1 tazza di farina autolievitante

100 g/4 once/½ tazza di zucchero di canna morbido

10 ml/2 cucchiaini di zenzero macinato

100 g/4 once/½ tazza di burro o margarina, ammorbidito

2 uova, leggermente sbattute

100 g/4 oz/2/3 tazza di albicocche secche già pronte, tritate

50 g/2 once/1/3 tazza di uvetta

Sbattere la farina, lo zucchero, lo zenzero, il burro o la margarina e le uova fino ad ottenere un composto morbido. Mescolare le albicocche e l'uvetta. Versare il composto in una tortiera da 18 cm unta e foderata e cuocere in forno preriscaldato a 180°C/gas 4 per 30 minuti, finché uno stecchino infilato al centro non uscirà pulito.

Torta di albicocche sporca

Produce una torta da 20 cm/8

120 ml/4 fl oz/½ tazza di brandy o rum

120 ml/4 fl oz/½ tazza di succo d'arancia

225 g/8 oz/11/3 tazze di albicocche secche già pronte, tritate

100 g/4 oz/2/3 tazze di uva sultanina (uvetta dorata)

175 g/6 once/¾ tazza di burro o margarina, ammorbidito

45 ml/3 cucchiai di miele puro

4 uova, separate

175 g/6 oz/1 tazza e ½ di farina autolievitante (autolievitante).

10 ml/2 cucchiaini di lievito in polvere

Portare a ebollizione il brandy o il rum e il succo d'arancia con le albicocche e l'uva sultanina. Mescolare bene, quindi togliere dal fuoco e lasciare raffreddare. Sbattere il burro o la margarina e il miele fino ad ottenere una crema, quindi incorporare gradualmente i tuorli d'uovo. Mescolare farina e lievito. Montare gli albumi a neve ben ferma, che poi incorporare delicatamente al composto. Versatela in una tortiera del diametro di 20 cm unta e infarinata e cuocete in forno preriscaldato a 180°C/gas numero 4 per 1 ora, finché uno stecchino infilato al centro non uscirà pulito. Lasciare raffreddare nella forma.

Torta alla banana

Produce una torta da 23 x 33 cm/9 x 13 pollici

4 banane mature, schiacciate

2 uova, leggermente sbattute

350 g/12 once/1 tazza e ½ di zucchero a velo

120 ml/4 fl oz/½ tazza di olio

5 ml/1 cucchiaino di essenza di vaniglia (estratto)

50 g/2 once/½ tazza di noci miste tritate

225 g/8 oz/2 tazze di farina semplice (per tutti gli usi).

10 ml/2 cucchiaini di bicarbonato di sodio (bicarbonato di sodio)

5 ml/1 cucchiaino di sale

Mescolare insieme banane, uova, zucchero, olio e vaniglia. Aggiungere gli ingredienti rimanenti e mescolare fino ad ottenere un composto omogeneo. Versare in una tortiera da 23x33 cm e cuocere in forno preriscaldato a 180°C/gas 4 per 45 minuti, finché uno stecchino infilato al centro non esce pulito.

Torta alle banane con superficie croccante

Produce una torta di 23 cm/9 di diametro

100 g/4 once/½ tazza di burro o margarina, ammorbidito

300 g/11 once/11/3 tazze di zucchero a velo (molto fine).

2 uova, leggermente sbattute

175 g/6 once/1 tazza e ½ di farina semplice (per tutti gli usi).

2,5 ml/½ cucchiaino di sale

1,5 ml/½ cucchiaino di noce moscata grattugiata

5 ml/1 cucchiaino di bicarbonato di sodio (bicarbonato di sodio)

75 ml/5 cucchiai di latte

Qualche goccia di essenza di vaniglia (estratto)

4 banane schiacciate

      Per la farcitura:

50 g/2 once/¼ tazza di zucchero demerara

50 g/2 once/2 tazze di cornflakes tritati

2,5 ml/½ cucchiaino di cannella in polvere

25 g/1 oncia/2 cucchiai di burro o margarina

Sbattere il burro o la margarina e lo zucchero fino a ottenere un composto chiaro e soffice. Sbattere gradualmente le uova, quindi aggiungere la farina, il sale e la noce moscata. Mescolare il bicarbonato di sodio con il latte e l'essenza di vaniglia e incorporare al composto di banane. Versare il composto in una tortiera quadrata da 23 cm/9 quadrati unta e foderata.

Per la copertura, mescolare zucchero, cornflakes e cannella e spalmare con burro o margarina. Cospargere la torta e cuocere in forno preriscaldato a 180°C/350°F/gas 4 per 45 minuti finché non diventa soda al tatto.

Spugna di banane

Produce una torta di 23 cm/9 di diametro

100 g/4 once/½ tazza di burro o margarina, ammorbidito

100 g/4 once/½ tazza di zucchero semolato (molto fine).

2 uova, sbattute

2 grandi banane mature, schiacciate

225 g/8 oz/1 tazza di farina autolievitante

45 ml/3 cucchiai di latte

Per il ripieno e la copertura:

225 g/8 once/1 tazza di formaggio cremoso

30 ml/2 cucchiaini di panna acida (latte acido).

100 g di chips di banana essiccata

Sbattere il burro o la margarina e lo zucchero fino a ottenere un composto chiaro e soffice. Aggiungere gradualmente le uova, quindi incorporare le banane e la farina. Aggiungete il latte fino a quando il composto avrà una consistenza liquida. Versatela in una tortiera del diametro di 23 cm unta e foderata e cuocete in forno preriscaldato a 180°C/gas numero 4 per circa 30 minuti, finché uno stecchino infilato al centro non uscirà pulito. Sformare su una gratella a raffreddare, quindi tagliare a metà in senso orizzontale.

La glassa si prepara montando la panna e la panna acida e utilizzando metà del composto per rivestire le due metà della torta. Distribuire sopra il composto rimasto e decorare con le chips di banana.

Torta alla banana ad alto contenuto di fibre

Produce una torta da 18 cm/7

100 g/4 once/½ tazza di burro o margarina, ammorbidito

50 g/2 once/¼ tazza di zucchero di canna morbido

2 uova, leggermente sbattute

100 g/4 oz/1 tazza di farina integrale (grano integrale).

10 ml/2 cucchiaini di lievito in polvere

2 banane, purè

Per il ripieno:
225 g/8 once/1 tazza di ricotta (ricotta liscia).

5 ml/1 cucchiaino di succo di limone

15 ml/1 cucchiaio di miele puro

1 banana, tagliata a fette

Zucchero a velo (a velo), setacciato, per spolverare

Sbattere il burro o la margarina e lo zucchero fino a ottenere un composto chiaro e soffice. Sbattere gradualmente le uova, quindi unire la farina e il lievito. Unire delicatamente le banane. Versare il composto in due tortiere del diametro di 18 cm/7 imburrate e foderate e cuocere in forno preriscaldato per 30 minuti, finché non saranno sode al tatto. Lasciare raffreddare.

Per preparare il ripieno, sbattere la crema di formaggio, il succo di limone e il miele e spalmarli su uno dei biscotti. Disporre sopra le fette di banana e poi ricoprire con la seconda torta. Servire cosparso di zucchero a velo.

Torta banane e limone

Produce una torta da 18 cm/7

100 g/4 once/½ tazza di burro o margarina, ammorbidito

175 g di zucchero semolato (molto fine).

2 uova, leggermente sbattute

225 g/8 oz/2 tazze di farina autolievitante

2 banane, purè

Per il ripieno e la copertura:

75 ml/5 cucchiai di lemon curd

2 banane, a fette

45 ml/3 cucchiai di succo di limone

100 g/4 oz/2/3 tazza di zucchero a velo (a velo), setacciato

Sbattere il burro o la margarina e lo zucchero fino a ottenere un composto chiaro e soffice. Sbattere gradualmente le uova, sbattendo bene dopo ogni aggiunta, quindi aggiungere la farina e le banane. Versare il composto in due stampi da 18 cm unti e foderati c cuocere in forno preriscaldato a 180°C/gas numero 4 per 30 minuti. Sformatelo e lasciatelo raffreddare.

Coprire i biscotti con lemon curd e metà delle fette di banana. Versare 15 ml/1 cucchiaino di succo di limone sulle restanti fette di banana. Mescolare il succo di limone rimasto con lo zucchero a velo per ottenere una glassa rigida (glassa). Spalmare la glassa sulla torta e decorarla con fettine di banana.

Frullatore Torta al cioccolato e banane

Produce una torta da 20 cm/8

225 g/8 oz/2 tazze di farina autolievitante

2,5 ml/½ cucchiaino di lievito in polvere

40 g/1½ oz/3 cucchiai di cioccolato da bere in polvere

2 uova

60 ml/4 cucchiai di latte

150 g/5 once/2/3 tazza di zucchero semolato (molto fine).

100 g/4 once/½ tazza di margarina morbida

2 banane mature, affettate

Mescolare la farina, il lievito e il cioccolato. Mescolare gli ingredienti rimanenti in un frullatore o in un robot da cucina per circa 20 secondi: il composto sembrerà cagliato. Versare negli ingredienti secchi e mescolare bene. Disporre in una tortiera del diametro di 20 cm unta e infarinata e cuocere in forno preriscaldato a una temperatura di 180 °C/gas 4 per circa 1 ora, finché uno stecchino infilato al centro non uscirà pulito. Sformare su una gratella a raffreddare.

Torta di banane e arachidi

Produce una torta da 900 g/2 libbre

275 g/10 oz/2½ tazze di farina semplice (per tutti gli usi).

225 g/8 oz/1 tazza di zucchero semolato (molto fine).

100 g/4 oz/1 tazza di arachidi, tritate finemente

15 ml/1 cucchiaino di lievito in polvere

Pizzico di sale

2 uova, separate

6 banane schiacciate

Buccia grattugiata e succo di 1 limone piccolo

50 g/2 once/¼ tazza di burro o margarina, sciolto

Mescolare farina, zucchero, noci, lievito e sale. Sbattere i tuorli e unirli al composto con le banane, la scorza e il succo di limone e il burro o la margarina. Montare gli albumi a neve ben ferma, che poi uniremo al composto. Versare il composto in uno stampo a cassetta da 900 g/2 libbre unto e cuocere in forno preriscaldato a 180 °C/350 °F/gas livello 4 per 1 ora, fino a quando uno stecchino inserito al centro risulta pulito.

Torta tutto in uno con banane e uvetta

Produce una torta da 900 g/2 libbre

450 g / 1 libbra di banane mature, schiacciate

50 g/2 once/½ tazza di noci miste tritate

120 ml/4 fl oz/½ tazza di olio di semi di girasole

100 g/4 once/2/3 tazza di uvetta

75 g/3 once/¾ tazza di fiocchi d'avena

150 g/5 oz/1 ¼ tazze di farina integrale (frumento integrale).

1,5 ml/¼ cucchiaino di essenza di mandorla (estratto)

Pizzico di sale

Mescolare tutti gli ingredienti insieme fino ad ottenere un composto morbido e umido. Versare un cucchiaio in uno stampo da plumcake (teglia) da 900 g unta e foderata e cuocere in forno preriscaldato a 190°C/375°F/gas mark 5 per 1 ora, finché non diventa dorato e uno stecchino inserito al centro risulta pulito. . Raffreddare per 10 minuti nello stampo prima di sformare.

Torta con banane e whisky

Produce una torta con un diametro di 25 cm/10

225 g/8 oz/1 tazza di burro o margarina, ammorbidito

450 g/1 libbra/2 tazze di zucchero di canna morbido

3 banane mature, schiacciate

4 uova, leggermente sbattute

175 g/6 once/1 tazza e ½ di noci pecan, tritate grossolanamente

225 g/8 oz/11/3 tazze di uva sultanina (uvetta dorata)

350 g/12 once/3 tazze di farina semplice (per tutti gli usi).

15 ml/1 cucchiaino di lievito in polvere

5 ml/1 cucchiaino di cannella in polvere

2,5 ml/½ cucchiaino di zenzero macinato

2,5 ml/½ cucchiaino di noce moscata grattugiata

150 ml/¼ pinta/2/3 tazza di whisky

Sbattere il burro o la margarina e lo zucchero fino a ottenere un composto chiaro e soffice. Incorporate le banane, poi sbattete gradualmente le uova. Mescolare le noci e l'uvetta con un cucchiaio di farina, poi in una ciotola a parte mescolare la farina rimasta con il lievito e il pepe. Mescolare la farina alternativamente con il whisky nel composto di panna. Aggiungere noci e uva sultanina. Versare il composto in una tortiera da 25 cm/10 non unta e cuocere in forno preriscaldato a 180°C/350°F/gas mark 4 per 1 ora e ¼ finché non diventa elastico al tatto. Lasciare raffreddare nello stampo per 10 minuti, quindi trasferire su una gratella per completare il raffreddamento.

Torta di mirtilli

Produce una torta di 23 cm/9 di diametro

175 g di zucchero semolato (molto fine).

60 ml/4 cucchiai di olio

1 uovo, leggermente sbattuto

120 ml/4 fl oz/½ tazza di latte

225 g/8 oz/2 tazze di farina semplice (per tutti gli usi).

10 ml/2 cucchiaini di lievito in polvere

2,5 ml/½ cucchiaino di sale

225 g di mirtilli

Per la farcitura:

50 g/2 once/¼ tazza di burro o margarina, sciolto

100 g/4 once/½ tazza di zucchero semolato

50 g/2 once/¼ tazza di farina semplice (per tutti gli usi).

2,5 ml/½ cucchiaino di cannella in polvere

Sbattere lo zucchero, l'olio e l'uovo fino a quando il composto sarà ben amalgamato e pallido. Unire il latte, poi unire la farina, il lievito e il sale. Unire i mirtilli. Versare il composto in una tortiera imburrata e infarinata del diametro di 23 cm/9. Mescolare gli ingredienti per la glassa e cospargere il composto. Cuocere in forno preriscaldato a 190°C/gas mark 5 per 50 minuti, finché uno stecchino infilato al centro esce pulito. Servire caldo.

Torta savoiarda alle ciliegie

Produce una torta da 900 g/2 libbre

175 g/6 once/¾ tazza di burro o margarina, ammorbidito

175 g di zucchero semolato (molto fine).

3 uova sbattute

225 g/8 oz/2 tazze di farina semplice (per tutti gli usi).

2,5 ml/½ cucchiaino di lievito in polvere

100 g/4 oz/2/3 tazze di uva sultanina (uvetta dorata)

150 g/5 oz/2/3 tazza di ciliegie glacé (candite), tagliate in quarti

225 g di ciliegie fresche, snocciolate e tagliate a metà

30 ml/2 cucchiai di marmellata di albicocche (conserva)

Sbattere il burro o la margarina fino a renderlo morbido e poi sbattere lo zucchero. Unire le uova, poi la farina, il lievito, l'uvetta e le ciliegie. Versare il composto in uno stampo a cassetta da 900 g/2 libbre unto e cuocere in forno preriscaldato a 160 °C/325 °F/gas numero 3 per 2,5 ore. Lasciare nello stampo per 5 minuti, quindi sformare su una gratella per completare il raffreddamento.

Disporre le ciliegie in fila sopra la torta. In un pentolino portate a bollore la marmellata di albicocche, poi scolatela e spalmatela sulla superficie della torta in modo che si glassi.

Torta alle ciliegie e cocco

Produce una torta da 20 cm/8

350 g/12 oz/3 tazze di farina autolievitante

175 g/6 once/¾ tazza di burro o margarina

225 g/8 oz/1 tazza di ciliegie candite, tagliate in quarti

100 g/4 oz/1 tazza di cocco essiccato (grattugiato).

175 g di zucchero semolato (molto fine).

2 uova grandi, leggermente sbattute

200 ml/7 fl oz/poco 1 tazza di latte

Mettete la farina in una ciotola e strofinatela con il burro o la margarina fino a quando il composto non assomiglierà al pangrattato. Immergi le ciliegie nel cocco, quindi aggiungile al composto di zucchero e mescola leggermente. Aggiungere le uova e la maggior parte del latte. Sbattere bene e, se necessario, aggiungere il latte fino ad ottenere una consistenza morbida e gocciolante. Versare in una tortiera imburrata e foderata del diametro di 20 cm/8. Cuocere in forno preriscaldato a 180°C/350°F/gas mark 4 per 1 ora e mezza, finché uno stecchino inserito al centro non esce pulito.

Torta di ciliegie e uva sultanina

Produce una torta da 900 g/2 libbre

100 g/4 once/½ tazza di burro o margarina, ammorbidito

100 g/4 once/½ tazza di zucchero semolato (molto fine).

3 uova, leggermente sbattute

100 g/4 oz/½ tazza di ciliegie candite

350 g/12 oz/2 tazze di uva sultanina (uvetta dorata)

175 g/6 once/1 tazza e ½ di farina semplice (per tutti gli usi).

Pizzico di sale

Sbattere il burro o la margarina e lo zucchero fino a ottenere un composto chiaro e soffice. Aggiungere gradualmente le uova. Immergere le ciliegie e l'uva sultanina in un po' di farina per ricoprirle, quindi unire la farina rimanente al composto di sale. Mescolare le ciliegie e l'uva sultanina. Versare il composto in uno stampo da plumcake da 900 g unto e foderato e cuocere in forno preriscaldato a 160°C/325°F/gas mark 3 per 1,5 ore, fino a quando uno stecchino inserito al centro risulta pulito.

Torta ghiacciata alle ciliegie e noci

Produce una torta da 18 cm/7

100 g/4 once/½ tazza di burro o margarina, ammorbidito

100 g/4 once/½ tazza di zucchero semolato (molto fine).

2 uova, leggermente sbattute

15 ml/1 cucchiaio di miele puro

150 g/5 oz/1 ¼ tazza di farina autolievitante

5 ml/1 cucchiaino di lievito in polvere

Pizzico di sale

Per la decorazione:
225 g/8 oz/11/3 tazze di zucchero a velo (a velo), setacciato

30 ml/2 cucchiai di acqua

Qualche goccia di colorante alimentare rosso

4 ciliegie candite, dimezzate

4 metà di noci

Sbattere il burro o la margarina e lo zucchero fino a ottenere un composto chiaro e soffice. Sbattere gradualmente le uova e il miele, quindi aggiungere la farina, il lievito e il sale. Versare il composto in una tortiera da 18 cm unta e foderata e cuocere in forno preriscaldato a 190°C/gas 5 per 20 minuti, finché non sarà ben lievitato e sodo al tatto. Lasciare raffreddare.

Mettete lo zucchero a velo in una ciotola e sbattetelo gradualmente in acqua quanto basta per creare una glassa spalmabile (glassa). Distribuirne il massimo sulla parte superiore della torta. Colorate la glassa rimasta con qualche goccia di colorante alimentare, se la glassa risultasse troppo liquida aggiungete ancora un po' di zucchero a velo. Spalmate o spruzzate la glassa rossa sulla torta per dividerla in lune, poi decorate la glassa con ciliegie e noci.

Torta Damson

Produce una torta da 20 cm/8

100 g/4 once/½ tazza di burro o margarina, ammorbidito

75 g/3 once/1/3 tazza di zucchero di canna morbido

2 uova, leggermente sbattute

225 g/8 oz/2 tazze di farina autolievitante

450 g di susine snocciolate (snocciolate) e tagliate a metà

50 g/2 once/½ tazza di noci miste tritate.

Sbattere il burro o la margarina e lo zucchero fino a ottenere un composto chiaro e soffice, quindi aggiungere gradualmente le uova, sbattendo bene dopo ogni aggiunta. Mescolare la farina e le prugne. Versare il composto in una tortiera del diametro di 20 cm/8 cm unta e riempita e cospargere con le noci. Cuocere in forno preriscaldato a 190°C/375°F/gas mark 5 per 45 minuti finché non sarà sodo al tatto. Lasciare raffreddare nella padella per 10 minuti, quindi trasferire su una gratella per completare il raffreddamento.

Torta di datteri e noci

Produce una torta di 23 cm/9 di diametro

300 ml/½ pt/1¼ tazze di acqua bollente

225 g di datteri snocciolati e tritati

5 ml/1 cucchiaino di bicarbonato di sodio (bicarbonato di sodio)

75 g/3 once/1/3 tazza di burro o margarina, ammorbidito

225 g/8 oz/1 tazza di zucchero semolato (molto fine).

1 uovo sbattuto

275 g/10 oz/2½ tazze di farina semplice (per tutti gli usi).

Pizzico di sale

2,5 ml/½ cucchiaino di lievito in polvere

50 g di noci tritate

Per la farcitura:

50 g/2 once/¼ tazza di zucchero di canna morbido

25 g/1 oncia/2 cucchiai di burro o margarina

30 ml/2 cucchiai di latte

Qualche metà di noce per la decorazione

Mettete in una ciotola l'acqua, i datteri e il bicarbonato e lasciate riposare per 5 minuti. Sbattere il burro o la margarina e lo zucchero finché diventano morbidi, quindi aggiungere l'uovo, l'acqua e i datteri. Setacciare insieme la farina, il sale e il lievito, quindi incorporarli al composto di noci. Disporre in una tortiera unta e foderata del diametro di 23 cm e cuocere in forno preriscaldato a 180°C/gas numero 4 per 1 ora finché non si sarà solidificato. Raffreddare su una gratella.

Per preparare la glassa, mescolare lo zucchero, il burro e il latte fino ad ottenere un composto omogeneo. Spalmare sulla torta e decorare con metà di noce.

Torta al limone

Produce una torta da 20 cm/8

175 g/6 once/¾ tazza di burro o margarina, ammorbidito

175 g di zucchero semolato (molto fine).

2 uova, sbattute

225 g/8 oz/2 tazze di farina autolievitante

Succo e scorza grattugiata di 1 limone

60 ml/4 cucchiai di latte

Sbattere insieme il burro o la margarina e 100 g/4 once/½ tazza di zucchero. Aggiungete poco alla volta le uova, quindi aggiungete la farina e la buccia di limone grattugiata. Mescolare abbastanza latte per ottenere una consistenza morbida. Versare il composto in una tortiera da 20 cm unta e foderata e cuocere in forno preriscaldato a 180°C/gas mark 4 per 1 ora finché non sarà lievitato e dorato. Sciogliere lo zucchero rimasto nel succo di limone. Bucherellare tutta la torta calda con una forchetta e versarvi sopra il succo. Lasciare raffreddare.

Torta all'arancia e mandorle

Produce una torta da 20 cm/8

4 uova, separate

100 g/4 once/½ tazza di zucchero semolato (molto fine).

Buccia grattugiata di 1 arancia

50 g/2 once/½ tazza di mandorle, tritate finemente

50 g/2 once/½ tazza di mandorle tritate

Per lo sciroppo:

100 g/4 once/½ tazza di zucchero semolato (molto fine).

300 ml/½ pt/1¼ tazza di succo d'arancia

15 ml/1 cucchiaio di liquore all'arancia (facoltativo)

1 bastoncino di cannella

Sbattere i tuorli d'uovo, lo zucchero, la scorza d'arancia, le mandorle e le mandorle tritate. Montare a neve gli albumi e poi incorporarli al composto. Versare il composto in uno stampo a cerniera (20 cm) unto e infarinato e cuocere in forno preriscaldato a 180°C/gas 4 per 45 minuti, fino a quando non sarà sodo al tatto. Forare il tutto con uno spiedino e lasciare raffreddare.

Nel frattempo sciogliere lo zucchero nel succo d'arancia e nell'eventuale liquore, a fuoco basso utilizzando una stecca di cannella, mescolando di tanto in tanto. Portare a bollore e cuocere fino a ridurlo ad uno sciroppo sottile. Scartare la cannella. Versare lo sciroppo caldo sulla torta e lasciare macerare.

Torta d'avena

Produce una torta da 900 g/2 libbre

100 g/4 oz/1 tazza di fiocchi d'avena

300 ml/½ pt/1¼ tazze di acqua bollente

100 g/4 once/½ tazza di burro o margarina, ammorbidito

225 g/8 oz/1 tazza di zucchero di canna morbido

225 g/8 oz/1 tazza di zucchero semolato (molto fine).

2 uova, leggermente sbattute

175 g/6 once/1 tazza e ½ di farina semplice (per tutti gli usi).

10 ml/2 cucchiaini di lievito in polvere

5 ml/1 cucchiaino di bicarbonato di sodio (bicarbonato di sodio)

5 ml/1 cucchiaino di cannella in polvere

Immergere la farina d'avena in acqua bollente. Sbattere il burro o la margarina e gli zuccheri fino a ottenere un composto chiaro e soffice. Sbattere gradualmente le uova, quindi unire la farina, il lievito, il bicarbonato e la cannella. Infine aggiungete il composto di avena e mescolate fino ad ottenere un composto ben amalgamato. Versare il composto in uno stampo da plumcake da 900 g/2 lb unto e foderato e cuocere in forno preriscaldato a 180°C/350°F/gas mark 4 per circa 1 ora, fino a quando non sarà sodo al tatto.

Torta al mandarino opaco al mandarino

Produce una torta da 20 cm/8

175 g/6 once/3/4 tazza di margarina morbida

250 g/9 once/1 tazza abbondante di zucchero a velo (molto fine).

225 g/8 oz/2 tazze di farina autolievitante

5 ml/1 cucchiaino di lievito in polvere

3 uova

Buccia e succo di 1 piccola arancia grattugiati finemente

300 g/11 once/1 lattina media di mandarini, ben sgocciolati

Buccia grattugiata finemente e succo di 1/2 limone

Unisci la margarina, 175 g/6 once/3/4 tazza di zucchero, farina, lievito, uovo, scorza d'arancia e succo in un robot da cucina o in un mixer elettrico fino a ottenere un composto omogeneo. Tritare grossolanamente i mandarini e aggiungerli. Versare il composto in una tortiera unta e foderata (20 cm/8 cm). Leviga la superficie. Cuocere in forno preriscaldato a 180°C/350°F/gas mark 4 per 1 ora e 10 minuti o fino a quando uno stecchino inserito al centro risulta pulito. Raffreddare per 5 minuti, quindi togliere dalla padella e posizionare sulla griglia. Nel frattempo, mescolare lo zucchero rimanente con la scorza e il succo di limone fino a formare una pasta. Distribuirvi sopra e lasciare raffreddare.

Torta alle arance

Produce una torta da 20 cm/8

175 g/6 once/¾ tazza di burro o margarina, ammorbidito

175 g di zucchero semolato (molto fine).

2 uova, sbattute

225 g/8 oz/2 tazze di farina autolievitante

Succo e buccia grattugiata di 1 arancia

60 ml/4 cucchiai di latte

Sbattere insieme il burro o la margarina e 100 g/4 once/½ tazza di zucchero. Aggiungete poco alla volta le uova, poi aggiungete la farina e la buccia d'arancia grattugiata. Mescolare abbastanza latte per ottenere una consistenza morbida. Versare il composto in una tortiera da 20 cm unta e foderata e cuocere in forno preriscaldato a 180°C/gas mark 4 per 1 ora finché non sarà lievitato e dorato. Sciogliere lo zucchero rimasto nel succo d'arancia. Bucherellare tutta la torta calda con una forchetta e versarvi sopra il succo. Lasciare raffreddare.

Torta di Pesche

Produce una torta di 23 cm/9 di diametro

100 g/4 once/½ tazza di burro o margarina, ammorbidito

225 g/8 oz/1 tazza di zucchero semolato (molto fine).

3 uova, separate

450 g/1 libbra/4 tazze di farina semplice (per tutti gli usi).

Pizzico di sale

5 ml/1 cucchiaino di bicarbonato di sodio (bicarbonato di sodio)

120 ml/4 fl oz/½ tazza di latte

225 g/8 oz/2/3 tazza di marmellata di pesche (in scatola)

Sbattere il burro o la margarina e lo zucchero. Sbattere gradualmente i tuorli d'uovo, quindi incorporare la farina e il sale. Mescolate il bicarbonato con il latte, poi unitelo all'impasto della torta e poi alla marmellata. Montare gli albumi a neve ben ferma, che poi uniremo al composto. Versare il composto in due tortiere unte e foderate del diametro di 23 cm e cuocere in forno preriscaldato a 180°C/gas numero 4 per 25 minuti, fino a quando sarà ben lievitato e elastico al tatto.

Torta Arancia e Marsala

Produce una torta di 23 cm/9 di diametro

175 g/6 oz/1 tazza di uva sultanina (uvetta dorata)

120 ml/4 fl oz/½ tazza di Marsala

175 g/6 once/¾ tazza di burro o margarina, ammorbidito

100 g/4 once/½ tazza di zucchero di canna morbido

225 g/8 oz/1 tazza di zucchero semolato (molto fine).

3 uova, leggermente sbattute

Buccia grattugiata finemente di 1 arancia

5 ml/1 cucchiaino di acqua di fiori d'arancio

275 g/10 oz/2½ tazze di farina semplice (per tutti gli usi).

10 ml/2 cucchiaini di bicarbonato di sodio (bicarbonato di sodio)

Pizzico di sale

375 ml/13 fl oz/1 tazza e ½ di latticello

Glassa al liquore all'arancia

Mettere a bagno l'uvetta per una notte nel Marsala.
Sbattere il burro o la margarina e gli zuccheri fino a ottenere un composto chiaro e soffice. Sbattere gradualmente le uova, quindi aggiungere la scorza d'arancia e l'acqua di fiori d'arancio. Mescolare la farina, il bicarbonato e il sale alternandoli al latticello. Unire l'uva sultanina ammollata e il Marsala. Versare un cucchiaio in due tortiere da 23 cm unte e foderate e cuocere in forno preriscaldato a 180°C/350°F/gas numero 4 per 35 minuti, finché non sarà elastico al tatto e inizierà a staccarsi dai lati. dalle lattine. Lasciare raffreddare negli stampini per 10 minuti, quindi trasferire su una gratella per completare il raffreddamento.
Ricoprire le tortine con metà della glassa al liquore all'arancia e spalmare sopra la restante glassa.

Torta di pesche e pere

Produce una torta di 23 cm/9 di diametro

175 g/6 once/¾ tazza di burro o margarina, ammorbidito

150 g/5 once/2/3 tazza di zucchero semolato (molto fine).

2 uova, leggermente sbattute

75 g/3 once/¾ tazza di farina integrale (frumento integrale).

75 g/3 once/¾ tazza di farina semplice (per tutti gli usi).

10 ml/2 cucchiaini di lievito in polvere

15 ml/1 cucchiaio di latte

2 pesche snocciolate (snocciolate), sbucciate e tritate

2 pere, sbucciate, senza torsolo e affettate

30 ml/2 cucchiai di zucchero a velo (a velo), setacciato

Sbattere il burro o la margarina e lo zucchero fino a ottenere un composto chiaro e soffice. Sbattere poco a poco le uova, quindi incorporare la farina e il lievito e aggiungere il latte in modo che il composto abbia una consistenza gocciolante. Aggiungere pesche e pere. Versare il composto in una tortiera da 23 cm unta e foderata e cuocere in forno preriscaldato a 190°C/gas 5 per 1 ora, finché non sarà ben lievitato e elastico al tatto. Lasciare raffreddare nello stampo per 10 minuti, quindi trasferire su una gratella per completare il raffreddamento. Spolverare con zucchero a velo prima di servire.

Torta umida all'ananas

Produce una torta da 20 cm/8

100 g/4 once/½ tazza di burro o margarina

350 g/12 oz/2 tazze di frutta secca mista (mix per torta di frutta)

225 g/8 oz/1 tazza di zucchero di canna morbido

5 ml/1 cucchiaino di pepe misto macinato (torta di mele).

5 ml/1 cucchiaino di bicarbonato di sodio (bicarbonato di sodio)

425 g/15 oz/1 lattina grande di ananas tritato non zuccherato, sgocciolato

225 g/8 oz/2 tazze di farina autolievitante

2 uova, sbattute

Mettete tutti gli ingredienti, tranne la farina e le uova, in un pentolino e scaldateli dolcemente fino al punto di ebollizione, mescolando continuamente. Far bollire continuamente per 3 minuti, quindi lasciare raffreddare completamente il composto. Unire la farina, poi unire gradualmente le uova. Versare il composto in una tortiera da 20 cm unta e infarinata e cuocere in forno preriscaldato a 180°C/350°F/gas mark 4 per 1 ora e mezza-1 ora e ¾, finché non sarà ben lievitato e sodo al tatto. Lasciare raffreddare nella forma.

Torta di ananas e ciliegie

Produce una torta da 20 cm/8

100 g/4 once/½ tazza di burro o margarina, ammorbidito

100 g/4 oz/1 tazza di zucchero semolato (molto fine).

2 uova, sbattute

225 g/8 oz/2 tazze di farina autolievitante

2,5 ml/½ cucchiaino di lievito in polvere

2,5 ml/½ cucchiaino di cannella in polvere

175 g/6 oz/1 tazza di uva sultanina (uvetta dorata)

25 g/1 oz/2 cucchiai di ciliegie glacé (candite).

400 g/14 once/1 lattina grande di ananas, scolato e tritato

30 ml/2 cucchiai di brandy o rum

Zucchero a velo (a velo), setacciato, per spolverare

Sbattere il burro o la margarina e lo zucchero fino a ottenere un composto chiaro e soffice. Sbattere gradualmente le uova, quindi unire la farina, il lievito e la cannella. Mescolare delicatamente gli ingredienti rimanenti. Versare il composto in una tortiera da 20 cm unta e foderata e cuocere in forno preriscaldato a 160°C/gas 3 per 1,5 ore, finché uno stecchino inserito al centro non esce pulito. Lasciare raffreddare e poi servire spolverata di zucchero a velo.

Torta all'ananas del Natale

Produce una torta di 23 cm/9 di diametro

50 g/2 once/¼ tazza di burro o margarina

100 g/4 once/½ tazza di zucchero semolato (molto fine).

1 uovo, leggermente sbattuto

150 g/5 oz/1 ¼ tazza di farina autolievitante

Pizzico di sale

120 ml/4 fl oz/½ tazza di latte

Per la farcitura:

100 g di ananas fresco o in scatola, grattugiato grossolanamente

1 mela da consumo (da dessert), sbucciata, senza torsolo e grattugiata grossolanamente

120 ml/4 fl oz/½ tazza di succo d'arancia

15 ml/1 cucchiaio di succo di limone

100 g/4 once/½ tazza di zucchero semolato (molto fine).

5 ml/1 cucchiaino di cannella in polvere

Sciogliere il burro o la margarina, quindi sbattere lo zucchero e l'uovo fino a ottenere un composto schiumoso. Mescolare la farina e il sale alternandoli con il latte per l'impasto. Versare in una tortiera unta e foderata del diametro di 23 cm/9 e cuocere in forno preriscaldato a 180°C/350°F/gas numero 4 per 25 minuti finché non diventa dorata ed elastica.

Portare a ebollizione tutti gli ingredienti per la copertura e poi cuocere per 10 minuti. Versare sulla torta calda e cuocere al forno (tostare) fino a quando l'ananas inizia a dorarsi. Raffreddare tiepido o freddo prima di servire.

Ananas sottosopra

Produce una torta da 20 cm/8

175 g/6 once/¾ tazza di burro o margarina, ammorbidito

175 g/6 once/¾ tazza di zucchero di canna morbido

400 g/14 once/1 lattina grande di fette di ananas, scolate e con i succhi da parte

4 ciliegie candite, dimezzate

2 uova

100 g/4 oz/1 tazza di farina autolievitante

Sbattere 75 g/3 once/1/3 tazza di burro o margarina con 75 g/3 once/1/3 tazza di zucchero fino a ottenere un composto chiaro e soffice e distribuirlo sul fondo di una tortiera (teglia) da 20 cm/8 unta. Disporre sopra le fette di ananas e cospargere con le ciliegie, con la parte arrotondata rivolta verso il basso. Sbattere il burro o la margarina rimanenti e lo zucchero, quindi sbattere gradualmente le uova. Unire la farina e 30 ml/2 cucchiai del succo d'ananas messo da parte. Versarvi sopra l'ananas e cuocere in forno preriscaldato a 180°C/350°F/gas 4 per 45 minuti finché non sarà sodo al tatto. Lasciare raffreddare nello stampo per 5 minuti, poi togliere con attenzione dallo stampo e capovolgere su una gratella a raffreddare.

Torta di ananas e noci

Produce una torta di 23 cm/9 di diametro

225 g/8 oz/1 tazza di burro o margarina, ammorbidito

225 g/8 oz/1 tazza di zucchero semolato (molto fine).

5 uova

350 g/12 once/3 tazze di farina semplice (per tutti gli usi).

100 g di noci tritate grossolanamente

100 g/4 oz/2/3 tazza di ananas glacé (candito), tritato

Un po' di latte

Sbattere il burro o la margarina e lo zucchero fino a ottenere un composto chiaro e soffice. Sbattere gradualmente le uova, quindi incorporare la farina, le noci e l'ananas, aggiungendo il latte quanto basta per ottenere una consistenza liquida. Versare il composto in una tortiera da 23 cm unta e foderata e cuocere in forno preriscaldato a 150°C/300°F/gas mark 2 per 1 ora e mezza, fino a quando uno stecchino inserito al centro risulta pulito.

Torta di lamponi

Produce una torta da 20 cm/8

100 g/4 once/½ tazza di burro o margarina, ammorbidito

200 g/7 once/poco 1 tazza di zucchero a velo (molto fine).

2 uova, leggermente sbattute

250 ml/8 fl oz/1 tazza di panna acida (latte acido).

5 ml/1 cucchiaino di essenza di vaniglia (estratto)

250 g/9 once/2¼ tazze di farina semplice (per tutti gli usi).

5 ml/1 cucchiaino di lievito in polvere

5 ml/1 cucchiaino di bicarbonato di sodio (bicarbonato di sodio)

5 ml/1 cucchiaino di cacao (cioccolato non zuccherato) in polvere

2,5 ml/½ cucchiaino di sale

100 g di lamponi congelati freschi o scongelati

Per la farcitura:

30 ml/2 cucchiai di zucchero semolato (morbido).

5 ml/1 cucchiaino di cannella in polvere

Sbattere il burro o la margarina e lo zucchero. Sbattere gradualmente le uova, poi la panna acida e l'essenza di vaniglia. Mescolare farina, lievito, bicarbonato, cacao e sale. Unire i lamponi. Versare il composto in una tortiera imburrata del diametro di 20 cm/8 cm. Mescolare lo zucchero e la cannella e cospargerli sulla superficie della torta. Cuocere in forno preriscaldato a 200°C/400°F/gas mark 4 per 35 minuti, finché non sarà dorata e lo stecchino inserito al centro risulterà pulito. Cospargere di zucchero misto a cannella.

Tortino al Rabarbaro

Produce una torta da 20 cm/8

225 g/8 oz/2 tazze di farina integrale (grano integrale).

10 ml/2 cucchiaini di lievito in polvere

10 ml/2 cucchiaini di cannella in polvere

45 ml/3 cucchiai di miele puro

175 g/6 oz/1 tazza di uva sultanina (uvetta dorata)

2 uova

150 ml/¼ pt/2/3 tazza di latte

225 g di rabarbaro, tritato

30 ml/2 cucchiai di zucchero demerara

Mescolare tutti gli ingredienti tranne il rabarbaro e lo zucchero. Incorporate il rabarbaro e versatelo in una tortiera unta e infarinata (20 cm/8). Cospargere di zucchero. Cuocere in forno preriscaldato a 180°C/350°F/gas 4 per 45 minuti finché non si sarà rassodato. Lasciare raffreddare nello stampo per 10 minuti prima di sformare.

Biscotto al miele e rabarbaro

Produce due torte da 450 g/1 libbra

250 g/9 once/2/3 tazza di miele puro

120 ml/4 fl oz/½ tazza di olio

1 uovo, leggermente sbattuto

15 ml/1 cucchiaio di bicarbonato di sodio (bicarbonato di sodio)

150 ml/¼ pt/2/3 tazza di yogurt bianco

75 ml/5 cucchiai di acqua

350 g/12 once/3 tazze di farina semplice (per tutti gli usi).

10 ml/2 cucchiaini di sale

350 g di rabarbaro, tritato finemente

5 ml/1 cucchiaino di essenza di vaniglia (estratto)

50 g/2 once/½ tazza di noci miste tritate

Per la farcitura:
75 g/3 once/1/3 tazza di zucchero di canna morbido

5 ml/1 cucchiaino di cannella in polvere

15 ml/1 cucchiaio di burro o margarina, sciolto

Mescolare il miele e l'olio, quindi sbattere l'uovo. Mescolare il bicarbonato di sodio con lo yogurt e l'acqua finché non si scioglie. Mescolare la farina e il sale e unirli al composto di miele alternandoli allo yogurt. Mescolare il rabarbaro, l'essenza di vaniglia e le noci. Versare in due stampi per pane da 450 g/1 libbra unti e foderati. Mescolare gli ingredienti per la glassa e cospargerli sui biscotti. Cuocere in forno preriscaldato a 160°C/325°F/gas mark 3 per 1 ora, finché non sarà sodo al tatto e dorato in superficie. Lasciare raffreddare negli stampini per 10 minuti, quindi sformare su una gratella per completare il raffreddamento.

Torta di barbabietole

Produce una torta da 20 cm/8

250 g/9 once/1 tazza e ¼ di farina semplice (per tutti gli usi).

15 ml/1 cucchiaino di lievito in polvere

5 ml/1 cucchiaino di cannella in polvere

Pizzico di sale

150 ml/8 fl oz/1 tazza di olio

300 g/11 once/11/3 tazze di zucchero a velo (molto fine).

3 uova, separate

150 g di barbabietola cruda, sbucciata e grattugiata grossolanamente

150 g di carote, grattugiate grossolanamente

100 g/4 oz/1 tazza di noci miste tritate

Mescolare la farina, il lievito, la cannella e il sale. Sbattere olio e zucchero. Sbattere tuorli d'uovo, barbabietole, carote e noci. Montiamo gli albumi a neve ben ferma, che poi mescoliamo al composto con un cucchiaio di metallo. Versare il composto in una tortiera da 20 cm unta e foderata (teglia) e cuocere in forno preriscaldato a 180°C/350°F/gas mark 4 per 1 ora finché non diventa elastico al tatto.

Torta di carote e banane

Produce una torta da 20 cm/8

175 g di carote, grattugiate

2 banane, purè

75 g/3 once/½ tazza di uva sultanina (uvetta dorata)

50 g/2 once/½ tazza di noci miste tritate

175 g/6 oz/1 tazza e ½ di farina autolievitante (autolievitante).

5 ml/1 cucchiaino di lievito in polvere

5 ml/1 cucchiaino di pepe misto macinato (torta di mele).

Succo e buccia grattugiata di 1 arancia

2 uova, sbattute

75 g/3 oz/1/2 tazza di zucchero muscovado leggero

100 ml/31/2 fl oz/1/2 tazza di olio di semi di girasole

Mescolare tutti gli ingredienti finché non saranno ben amalgamati. Versatela in una tortiera del diametro di 20 cm unta e foderata e cuocete in forno preriscaldato a 180°C/gas 4 per 1 ora, finché uno stecchino infilato al centro non uscirà pulito.

Torta di carote e mele

Produce una torta di 23 cm/9 di diametro

250 g/9 oz/2¼ tazze di farina autolievitante

5 ml/1 cucchiaino di bicarbonato di sodio (bicarbonato di sodio)

5 ml/1 cucchiaino di cannella in polvere

175 g/6 once/¾ tazza di zucchero di canna morbido

Buccia grattugiata finemente di 1 arancia

3 uova

200 ml/7 fl oz/1 tazza di olio

150 g di mele da tavola (dessert), sbucciate, senza torsolo e grattugiate

150 g di carota grattugiata

100 g/4 oz/2/3 tazza di albicocche secche già pronte, tritate

100 g/4 oz/1 tazza di noci pecan o noci tritate

Mescolare la farina, il bicarbonato e la cannella, quindi incorporare lo zucchero e la scorza d'arancia. Sbattere le uova nell'olio, quindi unire la mela, la carota e due terzi delle albicocche e delle noci. Mescolare il composto di farina e metterlo con un cucchiaio in una tortiera unta e foderata del diametro di 23 cm/9. Cospargere con le rimanenti albicocche e noci tritate. Cuocere in forno preriscaldato a 180°C/350°F/gas mark 4 per 30 minuti, finché non saranno elastici al tatto. Lasciare raffreddare leggermente nello stampo, quindi sformare su una gratella per completare il raffreddamento.

Torta con carote e cannella

Produce una torta da 20 cm/8

100 g/4 oz/1 tazza di farina integrale (grano integrale).

100 g/4 oz/1 tazza di farina semplice (per tutti gli usi).

15 ml/1 cucchiaio di cannella in polvere

5 ml/1 cucchiaino di noce moscata grattugiata

10 ml/2 cucchiaini di lievito in polvere

100 g/4 once/½ tazza di burro o margarina

100 g/4 once/1/3 tazza di miele puro

100 g/4 once/½ tazza di zucchero di canna morbido

225 g di carote, grattugiate

Mescolare in una ciotola la farina, la cannella, la noce moscata e il lievito. Sciogliere il burro o la margarina con il miele e lo zucchero e poi unirli alla farina. Unire le carote e mescolare bene. Versare il composto in una tortiera da 20 cm unta e foderata e cuocere in forno preriscaldato a 160°C/gas 3 per 1 ora, finché uno stecchino infilato al centro non esce pulito. Lasciare raffreddare nello stampo per 10 minuti, quindi sformare su una gratella per completare il raffreddamento.

Torta di carote e zucchine

Produce una torta di 23 cm/9 di diametro

2 uova

175 g/6 once/¾ tazza di zucchero di canna morbido

100 g di carota grattugiata

50 g di zucchine (zucchine), grattugiate

75 ml/5 cucchiai di olio

225 g/8 oz/2 tazze di farina autolievitante

2,5 ml/½ cucchiaino di lievito in polvere

5 ml/1 cucchiaino di pepe misto macinato (torta di mele).

Glassa di formaggio cremoso

Mescolare le uova, lo zucchero, le carote, le zucchine e l'olio. Mescolare la farina, il lievito e le spezie e ottenere un impasto liscio. Versatela in una tortiera del diametro di 23 cm unta e foderata e cuocete in forno preriscaldato a 180°C/gas 4 per 30 minuti, finché uno stecchino infilato al centro non uscirà pulito. Lasciare raffreddare, quindi spalmare con la glassa al formaggio.

Torta di carote e zenzero

Produce una torta da 20 cm/8

175 g/6 once/2/3 tazza di burro o margarina

100 g/4 oz/1/3 tazza di sciroppo dorato (mais chiaro).

120 ml/4 fl oz/½ tazza di acqua

100 g/4 once/½ tazza di zucchero di canna morbido

150 g di carote, grattugiate grossolanamente

5 ml/1 cucchiaino di bicarbonato di sodio (bicarbonato di sodio)

200 g/7 oz/1¾ tazze di farina semplice (per tutti gli usi).

100 g/4 oz/1 tazza di farina autolievitante

5 ml/1 cucchiaino di zenzero macinato

Pizzico di sale

Per la copertura (glassa):
175 g/6 oz/1 tazza di zucchero a velo (a velo), setacciato

5 ml/1 cucchiaino di burro o margarina, ammorbidito

30 ml/2 cucchiai di succo di limone

Sciogliere il burro o la margarina con lo sciroppo, l'acqua e lo zucchero, quindi portare a ebollizione. Togliere dal fuoco e aggiungere le carote e il bicarbonato di sodio. Lasciare raffreddare. Mescolare la farina, lo zenzero e il sale, versare in una tortiera da 20 cm unta e cuocere in forno preriscaldato a 180°C/gas mark 4 per 45 minuti, fino a quando sarà ben lievitato ed elastico. tocco. Sformatelo e lasciatelo raffreddare.

Mescolare lo zucchero a velo con burro o margarina e abbastanza succo di limone per creare una glassa spalmabile. Tagliate la torta a metà orizzontalmente, poi usate metà della glassa per foderarla e spalmateci sopra il resto.

Torta di carote e noci

Produce una torta da 18 cm/7

2 uova grandi, separate

150 g/5 once/2/3 tazza di zucchero semolato (molto fine).

225 g di carote, grattugiate

150 g/5 oz/1¼ tazza di noci miste tritate

10 ml/2 cucchiaini di scorza di limone grattugiata

50 g/2 once/½ tazza di farina semplice (per tutti gli usi).

2,5 ml/½ cucchiaino di lievito in polvere

Sbattere i tuorli con lo zucchero fino ad ottenere un composto denso e cremoso. Unire le carote, le noci e la scorza di limone, quindi unire la farina e il lievito. Montare gli albumi a neve morbida e poi incorporarli al composto. Versare in una tortiera (teglia quadrata) da 19 cm unta. Cuocere in forno preriscaldato a 180°C/gas mark 4 per 40-45 minuti, finché uno stecchino infilato al centro esce pulito.

Torta di carote, arance e noci

Produce una torta da 20 cm/8

100 g/4 once/½ tazza di burro o margarina, ammorbidito

100 g/4 once/½ tazza di zucchero di canna morbido

5 ml/1 cucchiaino di cannella in polvere

5 ml/1 cucchiaino di scorza d'arancia grattugiata

2 uova, leggermente sbattute

15 ml/1 cucchiaio di succo d'arancia

100 g di carote, grattugiate finemente

50 g/2 once/½ tazza di noci miste tritate

225 g/8 oz/2 tazze di farina autolievitante

5 ml/1 cucchiaino di lievito in polvere

Sbattere il burro o la margarina, lo zucchero, la cannella e la scorza d'arancia fino a ottenere un composto chiaro e soffice. Sbattere gradualmente le uova e il succo d'arancia, quindi aggiungere le carote, le noci, la farina e il lievito. Versarli in una tortiera del diametro di 20 cm unta e foderata e cuocere in forno preriscaldato a 180°C/gas numero 4 per 45 minuti, finché non saranno elastici al tatto.

Torta di carote, ananas e cocco

Produce una torta con un diametro di 25 cm/10

3 uova

350 g/12 once/1 tazza e ½ di zucchero a velo

300 ml/½ punto/1¼ tazza di olio

5 ml/1 cucchiaino di essenza di vaniglia (estratto)

225 g/8 oz/2 tazze di farina semplice (per tutti gli usi).

5 ml/1 cucchiaino di bicarbonato di sodio (bicarbonato di sodio)

10 ml/2 cucchiaini di cannella in polvere

5 ml/1 cucchiaino di sale

225 g di carote, grattugiate

100 g di ananas in scatola, scolato e schiacciato

100 g/4 oz/1 tazza di cocco essiccato (grattugiato).

100 g/4 oz/1 tazza di noci miste tritate

Zucchero a velo (a velo), setacciato, per spolverare

Sbattere le uova, lo zucchero, l'olio e l'essenza di vaniglia. Mescolare la farina, il bicarbonato, la cannella e il sale e incorporarli gradualmente al composto. Mescolare carote, ananas, cocco e noci. Versare un cucchiaio in una tortiera imburrata e infarinata del diametro di 25 cm e cuocere in forno preriscaldato a 160°C/gas mark 3 per 1 ora e ¼, finché non fuoriesce uno stecchino infilato al centro. pulito. Lasciare raffreddare nello stampo per 10 minuti, quindi trasferire su una gratella per completare il raffreddamento. Spolverare con zucchero a velo prima di servire.

Torta di carote e pistacchio

Produce una torta di 23 cm/9 di diametro

100 g/4 once/½ tazza di burro o margarina, ammorbidito

100 g/4 once/½ tazza di zucchero semolato (molto fine).

2 uova

225 g/8 oz/2 tazze di farina semplice (per tutti gli usi).

5 ml/1 cucchiaino di bicarbonato di sodio (bicarbonato di sodio)

5 ml/1 cucchiaino di cardamomo macinato

225 g di carote, grattugiate

50 g/2 oz/½ tazza di pistacchi, tritati

50 g/2 once/½ tazza di mandorle tritate

100 g/4 oz/2/3 tazze di uva sultanina (uvetta dorata)

Sbattere il burro o la margarina e lo zucchero fino a ottenere un composto chiaro e soffice. Sbattere gradualmente le uova, sbattendo bene dopo ogni aggiunta, quindi incorporare la farina, il bicarbonato e il cardamomo. Mescolare le carote, le noci, le mandorle tritate e l'uvetta. Versare il composto in una tortiera da 23 cm unta e foderata e cuocere in forno preriscaldato a 180°C/350°F/gas mark 4 per 40 minuti, finché non sarà ben lievitato, dorato ed elastico al tatto.

Torta di carote e noci

Produce una torta di 23 cm/9 di diametro

200 ml/7 fl oz/1 tazza di olio

4 uova

225 g/8 once/2/3 tazza di miele puro

225 g/8 oz/2 tazze di farina integrale (grano integrale).

10 ml/2 cucchiaini di lievito in polvere

2,5 ml/½ cucchiaino di bicarbonato di sodio (bicarbonato di sodio)

Pizzico di sale

5 ml/1 cucchiaino di essenza di vaniglia (estratto)

175 g di carote, grattugiate grossolanamente

175 g/6 once/1 tazza di uvetta

100 g/4 oz/1 tazza di noci, tritate finemente

Mescolare l'olio, le uova e il miele. Unire gradualmente tutti gli ingredienti rimanenti e sbattere fino ad ottenere un composto ben amalgamato. Versare in una tortiera (teglia) del diametro di 23 cm unta e infarinata e cuocere in forno preriscaldato a 180°C/gas 4 per 1 ora, finché uno stecchino infilato al centro non esce pulito .

Torta di carote speziata

Produce una torta da 18 cm/7

175 g/6 once/1 tazza di datteri

120 ml/4 fl oz/½ tazza di acqua

175 g/6 once/¾ tazza di burro o margarina, ammorbidito

2 uova, leggermente sbattute

225 g/8 oz/2 tazze di farina autolievitante

175 g di carote, grattugiate finemente

25 g/1 oncia/¼ tazza di mandorle tritate

Buccia grattugiata di 1 arancia

2,5 ml/½ cucchiaino di pimento misto macinato (torta di mele).

2,5 ml/½ cucchiaino di cannella in polvere

2,5 ml/½ cucchiaino di zenzero macinato

Per la copertura (glassa):

350 g/12 once/1 tazza e ½ di ricotta

25 g/1 oz/2 cucchiai di burro o margarina, ammorbidito

Buccia grattugiata di 1 arancia

Mettete i datteri e l'acqua in un pentolino, portate a ebollizione, poi fate cuocere per 10 minuti finché saranno teneri. Rimuovere ed eliminare il nocciolo, quindi tritare finemente i datteri. Mescolare datteri e liquidi, burro o margarina e uova fino ad ottenere una crema. Mescolare tutti gli ingredienti rimanenti della torta. Versare il composto in una tortiera da 18 cm unta e foderata e cuocere in forno preriscaldato a 180°C/gas 4 per 1 ora, finché uno stecchino inserito al centro non esce pulito. Lasciare raffreddare nella padella per 10 minuti, quindi trasferire su una gratella per completare il raffreddamento.

Preparare la glassa frullando tutti gli ingredienti fino ad ottenere una consistenza spalmabile, se necessario aggiungere ancora un po' di succo d'arancia o acqua. Tagliare la torta a metà in senso orizzontale, unire gli strati con metà della glassa e spalmare il resto.

Torta di carote e zucchero di canna

Produce una torta da 18 cm/7

5 uova, separate

200 g/7 once/1 tazza di zucchero di canna morbido

15 ml/1 cucchiaio di succo di limone

300 g di carote, grattugiate

225 g/8 once/2 tazze di mandorle tritate

25 g/1 oz/¼ tazza di farina integrale (frumento integrale).

5 ml/1 cucchiaino di cannella in polvere

25 g/1 oncia/2 cucchiai di burro o margarina, sciolto

25 g/1 oncia/2 cucchiai di zucchero semolato (molto fine).

30 ml/2 cucchiai di panna semplice (leggera).

75 g/3 once/¾ tazza di noci miste tritate

Sbattere i tuorli fino a renderli spumosi, aggiungere lo zucchero e poi il succo di limone fino ad ottenere un composto omogeneo. Aggiungete un terzo delle carote, poi un terzo delle mandorle e così via finché non saranno tutte amalgamate. Mescolare la farina e la cannella. Montare gli albumi a neve ferma, quindi incorporarli al composto utilizzando un cucchiaio di metallo. Trasferire in una tortiera del diametro di 18 cm unta e foderata e cuocere in forno preriscaldato a una temperatura di 180°C/gas numero 4 per 1 ora. Coprire la torta senza stringere con carta da forno (cerata) e abbassare la temperatura del forno a 160°C/325°F/gas mark 3 per altri 15 minuti o fino a quando la torta si sarà leggermente ritirata dai lati dello stampo e il centro sarà fermo. umido. . Lasciate la torta nello stampo finché sarà tiepida, poi sformatela a raffreddare.

Unire il burro fuso o la margarina, lo zucchero, la panna e le noci, versare sulla torta e friggere su una griglia media (griglia) fino a doratura.

Torta di zucchine e zucchine

Produce una torta da 20 cm/8

225 g/8 oz/1 tazza di zucchero semolato (molto fine).

2 uova, sbattute

120 ml/4 fl oz/½ tazza di olio

100 g/4 oz/1 tazza di farina semplice (per tutti gli usi).

5 ml/1 cucchiaino di lievito in polvere

2,5 ml/½ cucchiaino di bicarbonato di sodio (bicarbonato di sodio)

2,5 ml/½ cucchiaino di sale

100 g di zucchine (zucchine), grattugiate

100 g/4 once di ananas tritato

50 g di noci tritate

5 ml/1 cucchiaino di essenza di vaniglia (estratto)

Sbattere lo zucchero e le uova fino a quando saranno chiari e ben amalgamati. Sbattere l'olio e poi gli ingredienti secchi. Mescolare le zucchine, l'ananas, le noci e l'essenza di vaniglia. Versare in uno stampo (teglia) del diametro di 20 cm unto e infarinato e cuocere in forno preriscaldato a una temperatura di 180 °C/gas numero 4 per 1 ora, finché non si forma uno stecchino infilato al centro. fuori pulito. Lasciare raffreddare nella padella per 30 minuti, quindi trasferire su una gratella per completare il raffreddamento.

Torta di zucchine e arancia

Produce una torta con un diametro di 25 cm/10

225 g/8 oz/1 tazza di burro o margarina, ammorbidito

450 g/1 libbra/2 tazze di zucchero di canna morbido

4 uova, leggermente sbattute

275 g/10 oz/2½ tazze di farina semplice (per tutti gli usi).

15 ml/1 cucchiaino di lievito in polvere

2,5 ml/½ cucchiaino di sale

5 ml/1 cucchiaino di cannella in polvere

2,5 ml/½ cucchiaino di noce moscata grattugiata

Un pizzico di chiodi di garofano macinati

Buccia grattugiata e succo di 1 arancia

225 g/8 once/2 tazze di zucchine (zucchine), tritate

Sbattere il burro o la margarina e lo zucchero fino a ottenere un composto chiaro e soffice. Sbattere poco per volta le uova, quindi incorporare la farina, il lievito, il sale e il pepe alternati alla scorza e al succo dell'arancia. Unire le zucchine. Versare il composto in una tortiera da 25 cm unta e foderata e cuocere in forno preriscaldato a 180°C/350°F/gas numero 4 per 1 ora, finché non sarà dorato e elastico al tatto. Se verso la fine della cottura la superficie dovesse scurirsi troppo, copritela con carta da forno.

Torta di zucchine speziata

Produce una torta con un diametro di 25 cm/10
350 g/12 once/3 tazze di farina semplice (per tutti gli usi).

10 ml/2 cucchiaini di lievito in polvere

7,5 ml/1 cucchiaino e ½ di cannella in polvere

5 ml/1 cucchiaino di bicarbonato di sodio (bicarbonato di sodio)

2,5 ml/½ cucchiaino di sale

8 proteine

450 g/1 lb/2 tazze di zucchero semolato (molto fine).

100 g/4 oz/1 tazza di salsa di mele (salsa)

120 ml/4 fl oz/½ tazza di latticello

15 ml/1 cucchiaio di essenza di vaniglia (estratto)

5 ml/1 cucchiaino di scorza d'arancia grattugiata finemente

350 g/12 oz/3 tazze di zucchine (zucchine), tritate

75 g di noci tritate

Per la farcitura:
100 g/4 once/½ tazza di formaggio cremoso

25 g/1 oz/2 cucchiai di burro o margarina, ammorbidito

5 ml/1 cucchiaino di scorza d'arancia grattugiata finemente

10 ml/2 cucchiaini di succo d'arancia

350 g/12 oz/2 tazze di zucchero a velo (a velo), setacciato

Mescolare insieme gli ingredienti secchi. Sbattere gli albumi fino a formare picchi morbidi. Sbattere lentamente lo zucchero, poi la salsa di mele, il latticello, l'essenza di vaniglia e la scorza d'arancia. Incorporate il composto di farina, poi le zucchine e le noci. Versare in una tortiera (teglia) del diametro di 25 cm unta e infarinata e cuocere in forno preriscaldato a 150°C/gas 2 per 1 ora, finché uno stecchino infilato al centro non esce pulito . Lasciare raffreddare nella forma.

Sbattere tutti gli ingredienti per la glassa fino ad ottenere un composto omogeneo e aggiungere abbastanza zucchero per creare una consistenza spalmabile. Spalmare sulla torta raffreddata.

Torta di zucca

Produce una torta da 23 x 33 cm/9 x 13 pollici

450 g/1 lb/2 tazze di zucchero semolato (molto fine).

4 uova sbattute

375 ml/13 fl oz/1 tazza e ½ di olio

350 g/12 once/3 tazze di farina semplice (per tutti gli usi).

15 ml/1 cucchiaino di lievito in polvere

10 ml/2 cucchiaini di bicarbonato di sodio (bicarbonato di sodio)

10 ml/2 cucchiaini di cannella in polvere

2,5 ml/½ cucchiaino di zenzero macinato

Pizzico di sale

225 g di zucca bollita tagliata a cubetti

100 g di noci tritate

Sbattere lo zucchero e le uova fino ad ottenere un composto omogeneo, quindi aggiungere l'olio. Mescolare gli ingredienti rimanenti. Versare in una teglia da 23 x 33 cm unta e infarinata e cuocere in forno preriscaldato a 180°C/Gas 4 per 1 ora, finché uno stecchino infilato al centro non esce pulito. pulito.

Torta Di Zucca Alla Frutta

Produce una torta da 20 cm/8

100 g/4 once/½ tazza di burro o margarina, ammorbidito

150 g/5 once/2/3 tazza di zucchero di canna morbido

2 uova, leggermente sbattute

225 g di zucca bollita fredda

30 ml/2 cucchiai di sciroppo di mais dorato (mais chiaro).

225 g/8 oz 1/1/3 tazza di frutta mista secca (miscela per torta di frutta)

225 g/8 oz/2 tazze di farina autolievitante

50 g/2 once/½ tazza di crusca

Sbattere il burro o la margarina e lo zucchero fino a ottenere un composto chiaro e soffice. Sbattere gradualmente le uova e poi unirle agli altri ingredienti. Versare il composto in una tortiera del diametro di 20 cm unta e foderata e cuocere in forno preriscaldato a 160°C/gas numero 3 per 1 ora e ¼, finché uno stecchino infilato al centro non esce pulito.

Rotolo di zucca speziato

Produce un rotolo da 30 cm/12

75 g/3 once/¾ tazza di farina semplice (per tutti gli usi).

5 ml/1 cucchiaino di bicarbonato di sodio (bicarbonato di sodio)

5 ml/1 cucchiaino di zenzero macinato

2,5 ml/½ cucchiaino di noce moscata grattugiata

10 ml/2 cucchiaini di cannella in polvere

Pizzico di sale

1 uovo

225 g/8 oz/1 tazza di zucchero semolato (molto fine).

100 g di zucca bollita tagliata a cubetti

5 ml/1 cucchiaino di succo di limone

4 albumi

50 g di noci tritate

50 g/2 oz/1/3 tazza di zucchero a velo (a velo), setacciato

Per il ripieno:
175 g/6 oz/1 tazza di zucchero a velo (a velo), setacciato

100 g/4 once/½ tazza di formaggio cremoso

2,5 ml/½ cucchiaino di essenza di vaniglia (estratto)

Mescolare farina, bicarbonato, pepe e sale. Sbattere l'uovo fino a renderlo denso e chiaro, quindi sbattere lo zucchero fino a ottenere un composto chiaro e cremoso. Mescolare la zucca e il succo di limone. Unire il composto di farina. In una ciotola pulita, sbattere gli albumi fino a formare picchi rigidi. Versare il composto della torta e stenderlo in uno stampo svizzero da 30 x 12 cm/12 x 8 cm unto e riempito e cospargere la superficie con le noci. Cuocere in forno preriscaldato a 190°C/gas 5 per 10 minuti finché non sarà elastico al tatto. Setacciare lo zucchero a velo attraverso un canovaccio pulito (asciugamano) e capovolgere la torta sul canovaccio. Togliere la carta da forno e arrotolare la torta con un canovaccio, quindi lasciar raffreddare.

Per preparare il ripieno, sbattere gradualmente lo zucchero con la crema di formaggio e l'essenza di vaniglia fino a formare un composto spalmabile. Srotolare la torta e spalmare sopra il ripieno. Stendere nuovamente la torta e farla raffreddare spolverata con un po' di zucchero a velo prima di servire.

Torta al rabarbaro e miele

Produce due torte da 450 g/1 libbra

250 g/9 once/¾ tazza di miele puro

100 ml/4 fl oz/½ tazza di olio

1 uovo

5 ml/1 cucchiaino di bicarbonato di sodio (bicarbonato di sodio)

60 ml/4 cucchiai di acqua

350 g/12 oz/3 tazze di farina integrale (grano integrale).

10 ml/2 cucchiaini di sale

350 g di rabarbaro, tritato finemente

5 ml/1 cucchiaino di essenza di vaniglia (estratto)

50 g/2 oz/½ tazza di noci miste tritate (facoltativo)

Per la farcitura:
75 g/3 once/1/3 tazza di zucchero muscovado

5 ml/1 cucchiaino di cannella in polvere

15 g/½ oz/1 cucchiaio di burro o margarina, ammorbidito

Mescolare miele e olio. Aggiungere l'uovo e sbattere bene. Aggiungere il bicarbonato di sodio all'acqua e lasciarlo sciogliere. Mescolare farina e sale. Aggiungere al composto di miele alternativamente al composto di bicarbonato di sodio. Incorporare il rabarbaro, l'essenza di vaniglia e le noci, se utilizzate. Versare in due stampi per pane unti da 450 g/1 libbra (padelle). Mescolare gli ingredienti per la glassa e spalmarla sulla torta. Cuocere in forno preriscaldato a 180°C/350°F/gas 4 per 1 ora finché non diventa elastico al tatto.

Tortino di patate dolci

Produce una torta di 23 cm/9 di diametro

300 g/11 oz/2¾ tazze di farina semplice (per tutti gli usi).

15 ml/1 cucchiaino di lievito in polvere

5 ml/1 cucchiaino di cannella in polvere

5 ml/1 cucchiaino di noce moscata grattugiata

Pizzico di sale

350 g/12 once/1 tazza e ¾ di zucchero a velo (molto fine).

375 ml/13 fl oz/1 tazza e ½ di olio

60 ml/4 cucchiai di acqua bollita

4 uova, separate

225 g di patate dolci, sbucciate e grattugiate grossolanamente

100 g/4 oz/1 tazza di noci miste tritate

5 ml/1 cucchiaino di essenza di vaniglia (estratto)

Per la copertura (glassa):

225 g/8 oz/11/3 tazze di zucchero a velo (a velo), setacciato

50 g/2 once/¼ tazza di burro o margarina, ammorbidito

250 g / 9 once / 1 vasca media di crema di formaggio

50 g/2 once/½ tazza di noci miste tritate

Un pizzico di cannella in polvere per spolverizzare

Mescolare la farina, il lievito, la cannella, la noce moscata e il sale. Unire lo zucchero e l'olio, quindi aggiungere l'acqua bollente e frullare fino ad ottenere un composto ben amalgamato. Aggiungere i tuorli e il composto di farina e mescolare fino ad ottenere un composto ben amalgamato. Incorporare le patate dolci, le noci e l'essenza di vaniglia. Montare gli albumi a neve ferma e poi incorporarli al composto. Versare il composto in due tortiere (teglie da forno) imburrate e infarinate del diametro di 23 cm e cuocere in forno preriscaldato a 180°C/livello 4 per 40 minuti, fino a quando saranno elastiche al tatto. Lasciare raffreddare negli stampini per 5 minuti prima di sformarli su una gratella per completare il raffreddamento.

Mescolare lo zucchero a velo, il burro o la margarina e metà della crema di formaggio. Distribuire metà della crema di formaggio rimanente su una torta e poi spalmare sopra la glassa. Metti le torte a sandwich. Prima di servire, spalmare con la restante crema di formaggio e spolverare con noci e cannella.

Torta di mandorle italiana

Produce una torta da 20 cm/8

1 uovo

150 ml/¼ pt/2/3 tazza di latte

2,5 ml/½ cucchiaino di essenza di mandorla (estratto)

45 ml/3 cucchiai di burro fuso

350 g/12 once/3 tazze di farina semplice (per tutti gli usi).

100 g/4 once/½ tazza di zucchero semolato (molto fine).

10 ml/2 cucchiaini di lievito in polvere

2,5 ml/½ cucchiaino di sale

1 albume d'uovo

100 g/4 oz/1 tazza di mandorle, tritate

Sbattere l'uovo in una ciotola, quindi aggiungere gradualmente il latte, l'essenza di mandorle e il burro fuso continuando a sbattere. Aggiungete la farina, lo zucchero, il lievito e il sale e continuate a mescolare fino ad ottenere un composto omogeneo. Versare il composto in una tortiera imburrata e riempita del diametro di 20 cm/8 cm. Montare gli albumi a neve, quindi spennellare generosamente la superficie della torta e cospargerla di mandorle. Cuocere in forno preriscaldato a 220°C/425°F/gas 7 per 25 minuti fino a quando saranno dorati ed elastici al tatto.

Torta alle mandorle e caffè

Produce una torta di 23 cm/9 di diametro

8 uova, separate

175 g di zucchero semolato (molto fine).

60 ml/4 cucchiai di caffè nero forte

175 g/6 once/1 tazza e ½ di mandorle tritate

45 ml/3 cucchiai di semola (crema di grano)

100 g/4 oz/1 tazza di farina semplice (per tutti gli usi).

Sbattere i tuorli e lo zucchero fino ad ottenere un composto molto denso e cremoso. Aggiungere il caffè, le mandorle tritate e la semola e sbattere bene. Mescolare la farina. Montare gli albumi a neve ferma e poi incorporarli al composto. Versare in una tortiera unta con un diametro di 23 cm/9 e cuocere in forno preriscaldato a 180°C/350°F/gas numero 4 per 45 minuti, fino a quando saranno elastici al tatto.

Torta di mandorle e miele

Produce una torta da 20 cm/8

225 g di carote, grattugiate

75 g/3 once/¾ tazza di mandorle, tritate

2 uova, sbattute

100 ml/4 fl oz/½ tazza di miele puro

60 ml/4 cucchiai di olio

150 ml/¼ pt/2/3 tazza di latte

150 g/5 oz/1 ¼ tazze di farina integrale (frumento integrale).

10 ml/2 cucchiaini di sale

10 ml/2 cucchiaini di bicarbonato di sodio (bicarbonato di sodio)

15 ml/1 cucchiaio di cannella in polvere

Mescolare insieme carote e noci. Sbattere le uova con miele, olio e latte e poi unirle al composto di carote. Mescolare la farina, il sale, il bicarbonato e la cannella e incorporarli al composto di carote. Versare il composto in una tortiera quadrata da 20 cm unta e infarinata e cuocere in forno preriscaldato a 150°C/300°F/gas mark 2 per 1 ora e ¾, finché uno stecchino inserito al centro non esce pulito. . Lasciare raffreddare nello stampo per 10 minuti prima di sformare.

Torta di mandorle e limone

Produce una torta di 23 cm/9 di diametro

25 g/1 oncia/¼ di tazza di mandorle a scaglie (grattugiate).

100 g/4 once/½ tazza di burro o margarina, ammorbidito

100 g/4 once/½ tazza di zucchero di canna morbido

2 uova, sbattute

100 g/4 oz/1 tazza di farina autolievitante

Buccia grattugiata di 1 limone

Per lo sciroppo:
75 g/3 once/1/3 tazza di zucchero semolato (molto fine).

45–60 ml/3–4 cucchiai di succo di limone

Imburrare e foderare una tortiera del diametro di 23 cm/9 e cospargere il fondo con le mandorle. Sbattere insieme il burro e lo zucchero di canna. Sbattere le uova una alla volta, poi unire la farina e la scorza di limone. Versare nello stampo preparato e livellare la superficie. Cuocere in forno preriscaldato a 180°C/350°F/gas mark 4 per 20-25 minuti, fino a quando sarà ben lievitato ed elastico al tatto.

Nel frattempo scaldate in una padella lo zucchero a velo e il succo di limone, mescolando di tanto in tanto, finché lo zucchero non si sarà sciolto. Sformare la torta e lasciarla raffreddare per 2 minuti, quindi sformarla su una gratella e sistemare la base. Versare lo sciroppo con un cucchiaio e lasciarlo raffreddare completamente.

Torta di mandorle all'arancia

Produce una torta da 20 cm/8

225 g/8 oz/1 tazza di burro o margarina, ammorbidito

225 g/8 oz/1 tazza di zucchero semolato (molto fine).

4 uova, separate

225 g/8 oz/2 tazze di farina semplice (per tutti gli usi).

10 ml/2 cucchiaini di lievito in polvere

50 g/2 once/½ tazza di mandorle tritate

5 ml/1 cucchiaino di scorza d'arancia grattugiata

Sbattere il burro o la margarina e lo zucchero fino a ottenere un composto chiaro e soffice. Sbattere i tuorli d'uovo, quindi incorporare la farina, il lievito, le mandorle tritate e la scorza d'arancia. Montiamo gli albumi a neve ben ferma, che poi mescoliamo al composto con un cucchiaio di metallo. Versatela in una tortiera del diametro di 20 cm unta e foderata e cuocete in forno preriscaldato a 180°C/gas 4 per 1 ora, finché uno stecchino infilato al centro non uscirà pulito.

Ricca torta di mandorle

Produce una torta da 18 cm/7

100 g/4 once/½ tazza di burro o margarina, ammorbidito

150 g/5 once/2/3 tazza di zucchero semolato (molto fine).

3 uova, leggermente sbattute

75 g/3 once/¾ tazza di mandorle tritate

50 g/2 once/½ tazza di farina semplice (per tutti gli usi).

Qualche goccia di essenza di mandorla (estratto)

Sbattere il burro o la margarina e lo zucchero fino a ottenere un composto chiaro e soffice. Sbattere gradualmente le uova, quindi incorporare le mandorle tritate, la farina e l'essenza di mandorle. Versateli in una tortiera da 18 cm unta e foderata e cuocete in forno preriscaldato a 180°C/gas numero 4 per 45 minuti, finché non saranno elastici al tatto.

Torta macaron svedese

Produce una torta di 23 cm/9 di diametro

100 g/4 once/1 tazza di mandorle tritate

75 g/3 once/1/3 tazza di zucchero semolato

5 ml/1 cucchiaino di lievito in polvere

2 grandi albumi d'uovo, sbattuti

Mescolare mandorle, zucchero e lievito. Unire gli albumi fino ad ottenere un composto denso e liscio. Versare in uno stampo per sandwich (teglia) da 23 cm unta e foderata e cuocere in forno preriscaldato a 160°C/325°F/gas numero 3 per 20-25 minuti, finché non sarà lievitato e dorato. Sformare con molta attenzione perché la torta è fragile.

Pane al cocco

Produce una pagnotta da 450 g/1 libbra

100 g/4 oz/1 tazza di farina autolievitante

225 g/8 oz/1 tazza di zucchero semolato (molto fine).

100 g/4 oz/1 tazza di cocco essiccato (grattugiato).

1 uovo

120 ml/4 fl oz/½ tazza di latte

Pizzico di sale

Mescolare bene tutti gli ingredienti e versarli in uno stampo da plumcake da 450 g/1 libbra unto e foderato. Cuocere in forno preriscaldato a 180°C/350°F/gas numero 4 per circa 1 ora, fino a quando saranno dorati ed elastici al tatto.

Torta al cocco

Produce una torta di 23 cm/9 di diametro

75 g/3 once/1/3 tazza di burro o margarina

150 ml/¼ pt/2/3 tazza di latte

2 uova, leggermente sbattute

225 g/8 oz/1 tazza di zucchero semolato (molto fine).

150 g/5 oz/1 ¼ tazza di farina autolievitante

Pizzico di sale

Per la farcitura:

100 g/4 once/½ tazza di burro o margarina

75 g/3 once/¾ tazza di cocco essiccato (grattugiato).

60 ml/4 cucchiai di miele puro

45 ml/3 cucchiai di latte

50 g/2 once/¼ tazza di zucchero di canna morbido

Sciogliere il burro o la margarina nel latte e lasciarlo raffreddare leggermente. Sbattere le uova e lo zucchero semolato fino ad ottenere una leggera schiuma, quindi incorporare il composto di burro e latte. Mescolare la farina e il sale per creare un composto relativamente sottile. Versare il composto in una tortiera da 23 cm unta e foderata e cuocere in forno preriscaldato a 180°C/gas numero 4 per 40 minuti, finché non sarà dorato e elastico al tatto.

Nel frattempo portate a bollore in un pentolino gli ingredienti per la glassa. Sformare la torta calda e versarla sopra la glassa. Mettere sotto la griglia calda (griglia) per alcuni minuti fino a quando la copertura inizia a dorarsi.

Torta dorata al cocco

Produce una torta da 20 cm/8

100 g/4 once/½ tazza di burro o margarina, ammorbidito

200 g/7 once/poco 1 tazza di zucchero a velo (molto fine).

200 g/7 oz/1¾ tazze di farina semplice (per tutti gli usi).

10 ml/2 cucchiaini di lievito in polvere

Pizzico di sale

175 ml/6 fl oz/¾ tazza di latte

3 albumi

Per il ripieno e la copertura:
150 g/5 oz/1 ¼ tazza di cocco essiccato (grattugiato).

200 g/7 once/poco 1 tazza di zucchero a velo (molto fine).

120 ml/4 fl oz/½ tazza di latte

120 ml/4 fl oz/½ tazza di acqua

3 tuorli d'uovo

Sbattere il burro o la margarina e lo zucchero fino a ottenere un composto chiaro e soffice. Mescolare la farina, il lievito e il sale alternandoli con il latte e l'acqua fino a formare un impasto liscio. Montare gli albumi a neve ferma e poi incorporarli all'impasto. Versare il composto in due tortiere unte da 20 cm/8 (teglie da forno) e cuocere in forno preriscaldato a 180°C/350°F/gas mark 4 per 25 minuti, finché non diventa elastico al tatto. Lasciare raffreddare.

Mescolare insieme il cocco, lo zucchero, il latte e i tuorli d'uovo in un pentolino. Scaldare a fuoco basso per qualche minuto, mescolando continuamente, fino a quando le uova saranno cotte. Lasciare raffreddare. Coprire i biscotti con metà del composto di cocco e spalmare sopra il resto.

Torta con strato di cocco

Produce una torta da 9 x 18 cm/3½ x 7

100 g/4 once/½ tazza di burro o margarina, ammorbidito

175 g di zucchero semolato (molto fine).

3 uova

175 g/6 once/1 tazza e ½ di farina semplice (per tutti gli usi).

5 ml/1 cucchiaino di lievito in polvere

175 g/6 oz/1 tazza di uva sultanina (uvetta dorata)

120 ml/4 fl oz/½ tazza di latte

6 biscotti comuni (biscotti), tritati

100 g/4 once/½ tazza di zucchero di canna morbido

100 g/4 oz/1 tazza di cocco essiccato (grattugiato).

Sbattere il burro o la margarina e lo zucchero a velo fino a ottenere un composto chiaro e soffice. Sbattere poco a poco le due uova, quindi incorporare la farina, il lievito e l'uvetta alternati al latte. Versare metà del composto in uno stampo da plumcake da 450 g/1 libbra unto e foderato. Mescolare l'uovo rimasto con la briciola di biscotti, lo zucchero di canna e il cocco e versare nello stampo. Versare il composto rimasto e cuocere in forno preriscaldato a 180°C/gas 4 per 1 ora. Lasciare raffreddare nello stampo per 30 minuti, quindi sformare su una gratella per completare il raffreddamento.

Torta al cocco e limone

Produce una torta da 20 cm/8

100 g/4 once/½ tazza di burro o margarina, ammorbidito

75 g/3 once/1/3 tazza di zucchero di canna morbido

Buccia grattugiata di 1 limone

1 uovo sbattuto

Qualche goccia di essenza di mandorla (estratto)

350 g/12 oz/3 tazze di farina autolievitante

60 ml/4 cucchiai di marmellata di lamponi (conserva)

Per la farcitura:

1 uovo sbattuto

75 g/3 once/1/3 tazza di zucchero di canna morbido

225 g/8 oz/2 tazze di cocco essiccato (grattugiato).

Sbattere il burro o la margarina, lo zucchero e la scorza di limone fino a ottenere un composto chiaro e soffice. Sbattere gradualmente l'uovo e l'essenza di mandorle, quindi incorporare la farina. Versare il composto in una tortiera imburrata e riempita del diametro di 20 cm/8 cm. Versare la marmellata sul composto. Mescolare insieme gli ingredienti per la glassa e spalmare sul composto. Cuocere in forno preriscaldato a 180°C/350°F/gas mark 4 per 30 minuti, finché non saranno elastici al tatto. Lasciare raffreddare nella forma.

Torta di Capodanno al cocco

Produce una torta da 18 cm/7

100 g/4 once/½ tazza di burro o margarina, ammorbidito

100 g/4 once/½ tazza di zucchero semolato (molto fine).

2 uova, leggermente sbattute

75 g/3 once/¾ tazza di farina semplice (per tutti gli usi).

45 ml/3 cucchiai di cocco essiccato (grattugiato).

30 ml/2 cucchiai di rum

Qualche goccia di essenza di mandorla (estratto)

Qualche goccia di essenza di limone (estratto)

Sbattere il burro e lo zucchero fino a ottenere un composto chiaro e soffice. Sbattere gradualmente le uova, quindi aggiungere la farina e il cocco. Unire il rum e le essenze. Mettete un cucchiaio in una tortiera del diametro di 18 cm/7 unta e riempita e livellate la superficie. Cuocete in forno preriscaldato a 190°C/gas 5 per 45 minuti, finché uno stecchino infilato al centro non uscirà pulito. Lasciare raffreddare nella forma.

Torta al cocco e uva sultanina

Produce una torta di 23 cm/9 di diametro

100 g/4 once/½ tazza di burro o margarina, ammorbidito

175 g di zucchero semolato (molto fine).

2 uova, leggermente sbattute

175 g/6 once/1 tazza e ½ di farina semplice (per tutti gli usi).

5 ml/1 cucchiaino di lievito in polvere

Pizzico di sale

175 g/6 oz/1 tazza di uva sultanina (uvetta dorata)

120 ml/4 fl oz/½ tazza di latte

Per il ripieno:

1 uovo, leggermente sbattuto

50 g/2 oz/½ tazza di briciole di biscotti semplici

100 g/4 once/½ tazza di zucchero di canna morbido

100 g/4 oz/1 tazza di cocco essiccato (grattugiato).

Sbattere il burro o la margarina e lo zucchero a velo fino a ottenere un composto chiaro e soffice. Incorporate gradualmente le uova. Mescolare la farina, il lievito, il sale e l'uvetta con il latte quanto basta per creare una consistenza morbida e gocciolante. Versare metà del composto in una tortiera unta (23 cm/9). Mescolare gli ingredienti del ripieno e versarvi sopra il composto, quindi aggiungere la torta rimanente. Cuocere in forno preriscaldato a 180°C/gas 4 per 1 ora, finché non saranno elastici al tatto e inizieranno a staccarsi dalle pareti dello stampo. Lasciare raffreddare nello stampo prima di sformare.

Torta alle noci con copertura croccante

Produce una torta di 23 cm/9 di diametro

225 g/8 oz/1 tazza di burro o margarina, ammorbidito

225 g/8 oz/1 tazza di zucchero semolato (molto fine).

2 uova, leggermente sbattute

225 g/8 oz/2 tazze di farina semplice (per tutti gli usi).

2,5 ml/½ cucchiaino di bicarbonato di sodio (bicarbonato di sodio)

2,5 ml/½ cucchiaino di cremor tartaro

200 ml/7 fl oz/poco 1 tazza di latte

Per la farcitura:

100 g/4 oz/1 tazza di noci miste tritate

100 g/4 once/½ tazza di zucchero di canna morbido

5 ml/1 cucchiaino di cannella in polvere

Sbattere il burro o la margarina e lo zucchero a velo fino a ottenere un composto chiaro e soffice. Sbattere poco a poco le uova, quindi unire alternativamente la farina, il bicarbonato e il cremor tartaro con il latte. Versare il composto in una tortiera imburrata e foderata del diametro di 23 cm/9. Mescolare le noci, lo zucchero di canna e la cannella e cospargerli sulla superficie della torta. Cuocere in forno preriscaldato a 180°C/350°F/gas numero 4 per 40 minuti fino a quando saranno dorati e si saranno ritirati dai lati dello stampo. Lasciare raffreddare nello stampo per 10 minuti, quindi sformare su una gratella per completare il raffreddamento.

Torta mista di noci

Produce una torta di 23 cm/9 di diametro

100 g/4 once/½ tazza di burro o margarina, ammorbidito

225 g/8 oz/1 tazza di zucchero semolato (molto fine).

1 uovo sbattuto

225 g/8 oz/2 tazze di farina autolievitante

10 ml/2 cucchiaini di lievito in polvere

Pizzico di sale

250 ml/8 fl oz/1 tazza di latte

5 ml/1 cucchiaino di essenza di vaniglia (estratto)

2,5 ml/½ cucchiaino di essenza di limone (estratto)

100 g/4 oz/1 tazza di noci miste tritate

Sbattere il burro o la margarina e lo zucchero fino a ottenere un composto chiaro e soffice. Sbattere l'uovo gradualmente. Mescolare la farina, il lievito e il sale e unirli alternativamente al composto con il latte e le essenze. Incorporare le noci. Versare il composto in due tortiere unte e foderate (23 cm/9) e cuocere in forno preriscaldato a 180°F/350°F/gas mark 4 per 40 minuti, fino a quando uno stecchino inserito al centro risulta pulito.

Torta greca alle noci

Produce una torta con un diametro di 25 cm/10

100 g/4 once/½ tazza di burro o margarina, ammorbidito

225 g/8 oz/1 tazza di zucchero semolato (molto fine).

3 uova, leggermente sbattute

250 g/9 once/2¼ tazze di farina semplice (per tutti gli usi).

225 g/8 once/2 tazze di noci, macinate

10 ml/2 cucchiaini di lievito in polvere

5 ml/1 cucchiaino di cannella in polvere

1,5 ml/¼ cucchiaino di chiodi di garofano macinati

Pizzico di sale

75 ml/5 cucchiai di latte

Per lo sciroppo di miele:
175 g di zucchero semolato (molto fine).

75 g/3 once/¼ tazza di miele puro

15 ml/1 cucchiaio di succo di limone

250 ml/8 fl oz/1 tazza di acqua bollente

Sbattere il burro o la margarina e lo zucchero fino a ottenere un composto chiaro e soffice. Sbattere gradualmente le uova, quindi aggiungere la farina, le noci, il lievito, il pepe e il sale. Aggiungere il latte e mescolare fino a che liscio. Versateli in una tortiera imburrata e infarinata del diametro di 25 cm e cuocete in forno preriscaldato a 180°C/livello 4 per 40 minuti, finché non saranno elastici al tatto. Lasciare raffreddare nello stampo per 10 minuti, quindi trasferire su una gratella.

Per preparare lo sciroppo, unire lo zucchero, il miele, il succo di limone e l'acqua e scaldare finché non si scioglie. Bucherellare la torta calda con una forchetta e versarvi sopra lo sciroppo di miele.

Torta ghiacciata alle noci

Produce una torta da 18 cm/7

100 g/4 once/½ tazza di burro o margarina, ammorbidito

100 g/4 once/½ tazza di zucchero semolato (molto fine).

2 uova, leggermente sbattute

100 g/4 oz/1 tazza di farina autolievitante

100 g di noci tritate

Pizzico di sale

Per la copertura (glassa):
450 g/1 lb/2 tazze di zucchero semolato

150 ml/¼ pt/2/3 tazze di acqua

2 albumi

Qualche metà di noce per la decorazione

Sbattere il burro o la margarina e lo zucchero a velo fino a ottenere un composto chiaro e soffice. Sbattere gradualmente le uova, quindi aggiungere la farina, le noci e il sale. Versare il composto in due tortiere da 18 cm unte e foderate e cuocere in forno preriscaldato a 180°C/350°F/gas mark 4 per 25 minuti, finché non sarà ben lievitato ed elastico al tatto. Lasciare raffreddare.

Sciogliere lo zucchero semolato nell'acqua a fuoco basso, mescolando continuamente, quindi portare ad ebollizione e continuare a cuocere senza mescolare fino a quando una goccia del composto formerà una palla morbida quando viene immersa nell'acqua fredda. Nel frattempo, sbattere gli albumi in una ciotola pulita fino a formare delle punte ben ferme. Versare lo sciroppo sull'albume e sbattere fino a quando il composto sarà abbastanza denso da ricoprire il dorso di un cucchiaio. Ricoprire le torte con uno strato di glassa, spalmare il resto sulla superficie e sui lati della torta e decorare con metà di noci.

Torta alle noci con crema al cioccolato

Produce una torta da 18 cm/7

3 uova

75 g/3 once/1/3 tazza di zucchero di canna morbido

50 g/2 oz/½ tazza di farina integrale (frumento integrale).

25 g/1 oncia/¼ di tazza di cacao in polvere (cioccolato non zuccherato).

Per la copertura (glassa):
150 g/5 oz/1 ¼ tazza di cioccolato liscio (semidolce).

225 g/8 once/1 tazza di formaggio cremoso a basso contenuto di grassi

45 ml/3 cucchiai di zucchero a velo (a velo), setacciato

75 g di noci tritate

15 ml/1 cucchiaio di brandy (facoltativo)

Cioccolato grattugiato per la decorazione

Sbattere le uova e lo zucchero di canna fino a ottenere un composto chiaro e denso. Mescolare farina e cacao. Versare il composto in due stampi per sandwich (teglie) da 18 cm unti e foderati e cuocere in forno preriscaldato a 190°C/375°F/Gas 5 per 15-20 minuti, finché non sarà ben lievitato e elastico al tatto. Togliere dagli stampini e lasciare raffreddare.

Sciogliere il cioccolato in una ciotola resistente al calore posta sopra una pentola di acqua leggermente bollente. Togliere dal fuoco e aggiungere la crema di formaggio e lo zucchero a velo, quindi aggiungere le noci e il brandy, se utilizzato. Piegare le torte con la maggior parte del ripieno e distribuire il resto sopra. Decorare con cioccolato grattugiato.

Torta alle noci con miele e cannella

Produce una torta di 23 cm/9 di diametro

225 g/8 oz/2 tazze di farina semplice (per tutti gli usi).

10 ml/2 cucchiaini di lievito in polvere

5 ml/1 cucchiaino di bicarbonato di sodio (bicarbonato di sodio)

5 ml/1 cucchiaino di cannella in polvere

Pizzico di sale

100 g/4 once/1 tazza di yogurt bianco

75 ml/5 cucchiai di olio

100 g/4 once/1/3 tazza di miele puro

1 uovo, leggermente sbattuto

5 ml/1 cucchiaino di essenza di vaniglia (estratto)

Per il ripieno:

50 g/2 once/½ tazza di noci tritate

225 g/8 oz/1 tazza di zucchero di canna morbido

10 ml/2 cucchiaini di cannella in polvere

30 ml/2 cucchiai di olio

Mescolare gli ingredienti secchi per la torta e formare una fontana al centro. Sbattere gli altri ingredienti per la torta e unirli agli ingredienti secchi. Mescolare insieme gli ingredienti per il ripieno. Versare metà dell'impasto della torta in una tortiera imburrata e infarinata del diametro di 23 cm/9 e cospargerla con metà del ripieno. Aggiungere il restante composto della torta e poi il restante ripieno. Cuocere in forno preriscaldato a 180°C/350°F/gas mark 4 per 30 minuti, fino a quando saranno ben lievitati e dorati e inizieranno a ritirarsi dalle pareti della teglia.

Barrette di mandorle e miele

Ne sta facendo 10

15 g/½ oz di lievito fresco o 20 ml/4 cucchiaini di lievito secco

45 ml/3 cucchiai di zucchero semolato

120 ml/4 fl oz/½ tazza di latte caldo

300 g/11 oz/2¾ tazze di farina semplice (per tutti gli usi).

Pizzico di sale

1 uovo, leggermente sbattuto

50 g/2 once/¼ tazza di burro o margarina, ammorbidito

300 ml/½ punto/1¼ tazza di panna doppia (pesante).

30 ml/2 cucchiai di zucchero a velo (a velo), setacciato

45 ml/3 cucchiai di miele puro

300 g/11 oz/2¾ tazze di mandorle a scaglie (grattugiate).

Mescolare il lievito, 5 ml/1 cucchiaino di zucchero semolato e un po' di latte e lasciare in un luogo tiepido per 20 minuti finché non diventa schiumoso. Mescolare lo zucchero rimasto con la farina e il sale e formare una fontana al centro. Aggiungete poco a poco l'uovo, il burro o la margarina, il lievito e il restante latte caldo e amalgamate fino ad ottenere un impasto liscio. Impastare su una tavola leggermente infarinata fino a ottenere un impasto liscio ed elastico. Mettere in una ciotola oliata, coprire con pellicola trasparente oliata (pellicola di plastica) e lasciare in un luogo caldo per 45 minuti fino al raddoppio delle dimensioni.

Lavorare ancora una volta l'impasto, stenderlo e disporlo in una tortiera 30 x 20 cm unta, bucherellare il tutto con una forchetta, coprire e lasciare riposare in un luogo tiepido per 10 minuti.

Mettere 120 ml/4 fl oz/½ tazza di panna, lo zucchero a velo e il miele in un pentolino e portare a ebollizione. Togliere dal fuoco e incorporare le mandorle. Distribuirvi sopra la pasta frolla e cuocere in forno preriscaldato a 200°C/gas mark 6 per 20 minuti fino a quando sarà dorata ed elastica al tatto, coprendo con carta oleata (cerata) se la parte superiore inizia a scurirsi troppo. fine cottura. Sformatelo e lasciatelo raffreddare.

Tagliare la torta a metà in senso orizzontale. Montare a neve ferma la restante panna e spalmarla sulla metà inferiore della torta. Disporre sopra la metà della torta alle mandorle e tagliarla a bastoncini.

Barrette di mela e ribes nero

Ne sta facendo 12

175 g/6 once/1 tazza e ½ di farina semplice (per tutti gli usi).

5 ml/1 cucchiaino di lievito in polvere

Pizzico di sale

175 g/6 once/¾ tazza di burro o margarina

225 g/8 oz/1 tazza di zucchero di canna morbido

100 g/4 oz/1 tazza di fiocchi d'avena

450 g/1 libbra di mele cotte, sbucciate, senza torsolo e affettate

30 ml/2 cucchiai di farina di mais (amido di mais)

10 ml/2 cucchiaini di cannella in polvere

2,5 ml/½ cucchiaino di noce moscata grattugiata

2,5 ml/½ cucchiaino di pimento macinato

225 g di ribes nero

Mescolare la farina, il lievito e il sale, quindi incorporare il burro o la margarina. Mescolare lo zucchero e l'avena. Versarne la metà in una tortiera unta e foderata da 25 cm/9 quadrati. Mescolare le mele, la farina di mais e le spezie e spalmare. Completare con ribes nero. Versare il composto rimasto e livellare la superficie. Cuocere in forno preriscaldato a 180°C/350°F/gas mark 4 per 30 minuti fino a doratura. Lasciare raffreddare e poi tagliare in barrette.

Barrette di albicocca e avena

Ne sta facendo 24

75 g/3 once/½ tazza di albicocche secche

25 g/1 oz/3 cucchiai di uva sultanina (uvetta dorata)

250 ml/8 fl oz/1 tazza di acqua

5 ml/1 cucchiaino di succo di limone

150 g/5 once/2/3 tazza di zucchero di canna morbido

50 g/2 oz/½ tazza di cocco essiccato (grattugiato).

50 g/2 once/½ tazza di farina semplice (per tutti gli usi).

2,5 ml/½ cucchiaino di bicarbonato di sodio (bicarbonato di sodio)

100 g/4 oz/1 tazza di fiocchi d'avena

50 g/2 once/¼ tazza di burro fuso

Mettete in un pentolino le albicocche, l'uvetta, l'acqua, il succo di limone e 30 ml/2 cucchiai di zucchero di canna e mescolate a fuoco basso finché non si sarà addensato. Unire il cocco e lasciare raffreddare. Unisci la farina, il bicarbonato, l'avena e lo zucchero rimasto, quindi aggiungi il burro fuso. Versare metà del composto di avena sul fondo di una teglia quadrata da 20 cm unta, quindi spalmare sopra il composto di albicocche. Coprire con il restante composto di avena e premere leggermente. Cuocere in forno preriscaldato a 180°C/350°F/gas mark 4 per 30 minuti fino a doratura. Lasciare raffreddare e poi tagliare in barrette.

Patatine all'albicocca

Sta compiendo 16 anni

100 g/4 oz/2/3 tazza di albicocche secche, pronte

120 ml/4 fl oz/½ tazza di succo d'arancia

100 g/4 once/½ tazza di burro o margarina

75 g/3 once/¾ tazza di farina integrale (frumento integrale).

75 g/3 once/¾ tazza di fiocchi d'avena

75 g/3 once/1/3 tazza di zucchero demerara

Immergere le albicocche nel succo d'arancia per almeno 30 minuti fino a quando saranno morbide, quindi scolarle e affettarle. Strofinare il burro o la margarina nella farina fino a quando il composto non assomiglia al pangrattato. Incorporare l'avena e lo zucchero. Versare metà del composto in uno stampo svizzero da 30 x 20 cm/12 x 8 cm unto e cospargere con le albicocche. Distribuire sopra il composto rimasto e premere delicatamente. Cuocere in forno preriscaldato a 180 °C/gas numero 4 per 25 minuti fino a doratura. Lasciare raffreddare nello stampo prima di sformare e tagliare in barrette.

Barrette di banane alla nocciola

Ha circa 14 anni

50 g/2 once/¼ tazza di burro o margarina, ammorbidito

75 g/3 once/1/3 tazza di zucchero semolato (molto fine) o di canna fine

2 banane grandi, affettate

175 g/6 once/1 tazza e ½ di farina semplice (per tutti gli usi).

7,5 ml/1 cucchiaino e ½ di lievito in polvere

2 uova, sbattute

50 g/2 oz/½ tazza di noci, tritate grossolanamente

Sbattere il burro o la margarina e lo zucchero. Schiacciare le banane e unirle al composto. Mescolare farina e lievito. Aggiungere la farina, l'uovo e le noci al composto di banane e sbattere bene. Versare un cucchiaio in una tortiera unta e foderata da 18 x 28 cm, livellare la superficie e cuocere in forno preriscaldato a 160°C/325°F/Gas 3 per 30-35 minuti, finché non sarà elastico al tatto. Lasciare raffreddare nella teglia per qualche minuto, quindi sformare su una gratella per completare il raffreddamento. Tagliare in circa 14 barrette.

Biscotti americani

Ha circa 15 anni

2 uova grandi

225 g/8 oz/1 tazza di zucchero semolato (molto fine).

50 g/2 once/¼ tazza di burro o margarina, sciolto

2,5 ml/½ cucchiaino di essenza di vaniglia (estratto)

75 g/3 once/¾ tazza di farina semplice (per tutti gli usi).

45 ml/3 cucchiai di cacao in polvere (cioccolato non zuccherato).

2,5 ml/½ cucchiaino di lievito in polvere

Pizzico di sale

50 g/2 oz/½ tazza di noci, tritate grossolanamente

Sbattere le uova e lo zucchero fino ad ottenere una massa densa e cremosa. Sbattere il burro e l'essenza di vaniglia. Setacciare la farina, il cacao, il lievito e il sale e incorporarli al composto con le noci. Versare in una tortiera da 20 cm/8 quadrati ben unta. Cuocere in forno preriscaldato a 180°C/350°F/gas mark 4 per 40-45 minuti finché non sarà elastico al tatto. Lasciare nello stampo per 10 minuti, poi tagliare a quadrotti e trasferirli su una gratella ancora tiepidi.

Biscotti al cioccolato

Ha circa 16 anni

225 g/8 once/1 tazza di burro o margarina

175 g/6 once/¾ tazza di zucchero semolato

350 g/12 oz/3 tazze di farina autolievitante

30 ml/2 cucchiai di cacao in polvere (cioccolato non zuccherato).

Per la copertura (glassa):
175 g/6 oz/1 tazza di zucchero a velo (a velo), setacciato

30 ml/2 cucchiai di cacao in polvere (cioccolato non zuccherato).

Acqua bollente

Sciogliere il burro o la margarina e poi incorporare lo zucchero semolato. Unire la farina ed il cacao. Pressare in una teglia unta da 18 x 28 cm/7 x 11 cm. Cuocere in forno preriscaldato a 180°C/gas numero 4 per circa 20 minuti, finché non saranno elastici al tatto.

Per preparare la glassa, setacciate in una ciotola lo zucchero a velo e il cacao e aggiungete un goccio di acqua bollente. Mescolare fino ad ottenere un composto ben amalgamato, aggiungendo un goccio d'acqua se necessario. Scongelare i brownies ancora caldi (ma non bollenti), lasciarli raffreddare e poi tagliarli a quadrotti.

Brownies alle noci e cioccolato

Ne sta facendo 12

50 g/2 oz/½ tazza di cioccolato liscio (semidolce).

75 g/3 once/1/3 tazza di burro o margarina

225 g/8 oz/1 tazza di zucchero semolato (molto fine).

75 g/3 once/¾ tazza di farina semplice (per tutti gli usi).

75 g di noci tritate

50 g/2 oz/½ tazza di gocce di cioccolato

2 uova, sbattute

2,5 ml/½ cucchiaino di essenza di vaniglia (estratto)

Sciogliere il cioccolato e il burro o la margarina in una ciotola resistente al calore posta sopra una padella con acqua bollente. Togliere dal fuoco e unire gli ingredienti rimanenti. Versatela in una tortiera da 20 cm unta e foderata e cuocete in forno preriscaldato a 180°C/gas 4 per 30 minuti, finché uno stecchino infilato al centro non uscirà pulito. Lasciare raffreddare nello stampo e poi tagliare a quadrotti.

Bastoncini di burro

Sta compiendo 16 anni

100 g/4 once/½ tazza di burro o margarina, ammorbidito

100 g/4 once/½ tazza di zucchero semolato (molto fine).

1 uovo, separato

100 g/4 oz/1 tazza di farina semplice (per tutti gli usi).

25 g/1 oncia/¼ tazza di noci miste tritate

Sbattere il burro o la margarina e lo zucchero fino a ottenere un composto chiaro e soffice. Incorporate il tuorlo d'uovo, poi aggiungete la farina e le noci fino ad ottenere un composto piuttosto consistente. Se risultasse troppo duro aggiungete un po' di latte; se è liquido aggiungete un po' più di farina. Versare l'impasto in uno stampo unto di Swiss Jelly da 30 x 20 cm. Montare gli albumi fino a renderli spumosi e distribuirli sul composto. Cuocere in forno preriscaldato a 180°C/350°F/gas mark 4 per 30 minuti fino a doratura. Lasciare raffreddare e poi tagliare in barrette.

Vassoio al caramello alle ciliegie

Ne sta facendo 12

100 g/4 once/1 tazza di mandorle

225 g/8 oz/1 tazza di ciliegie glacé (candite), tagliate a metà

225 g/8 oz/1 tazza di burro o margarina, ammorbidito

225 g/8 oz/1 tazza di zucchero semolato (molto fine).

3 uova sbattute

100 g/4 oz/1 tazza di farina autolievitante

50 g/2 once/½ tazza di mandorle tritate

5 ml/1 cucchiaino di lievito in polvere

5 ml/1 cucchiaino di essenza di mandorla (estratto)

Cospargere le mandorle e le ciliegie sul fondo di una tortiera del diametro di 20 cm/8 unta e riempita. Sciogliere 50 g di burro o margarina con 50 g di zucchero e poi versare sopra le ciliegie e le noci. Sbattere il burro o la margarina rimanenti e lo zucchero fino a ottenere un composto chiaro e soffice, quindi sbattere le uova e unire la farina, le mandorle tritate, il lievito e l'essenza di mandorle. Versare il composto nello stampo e livellare la superficie. Cuocere in forno preriscaldato a 160°C/325°F/gas mark 3 per 1 ora. Lasciare raffreddare nello stampo per qualche minuto, quindi capovolgere con attenzione su una gratella, raschiando eventualmente la glassa dalla carta da forno. Lasciare raffreddare completamente prima di tagliare.

Vassoio con gocce di cioccolato

Ne sta facendo 24

100 g/4 once/½ tazza di burro o margarina, ammorbidito

100 g/4 once/½ tazza di zucchero di canna morbido

50 g/2 once/¼ di tazza di zucchero semolato (molto fine).

1 uovo

5 ml/1 cucchiaino di essenza di vaniglia (estratto)

100 g/4 oz/1 tazza di farina semplice (per tutti gli usi).

2,5 ml/½ cucchiaino di bicarbonato di sodio (bicarbonato di sodio)

Pizzico di sale

100 g/4 oz/1 tazza di gocce di cioccolato

Sbattere il burro o la margarina e gli zuccheri fino a ottenere un composto chiaro e soffice, quindi aggiungere gradualmente l'uovo e l'essenza di vaniglia. Unire la farina, il bicarbonato e il sale. Incorporate le gocce di cioccolato. Versare un cucchiaio in una teglia quadrata del diametro di 25 cm unta e infarinata e cuocere in forno preriscaldato a 190°C/gas numero 2 per 15 minuti fino a doratura. Lasciare raffreddare e poi tagliare a quadretti.

Strato di crumble alla cannella

Ne sta facendo 12

Per la base:
100 g/4 once/½ tazza di burro o margarina, ammorbidito

30 ml/2 cucchiai di miele puro

2 uova, leggermente sbattute

100 g/4 oz/1 tazza di farina semplice (per tutti gli usi).

Per la sbriciolata:
75 g/3 once/1/3 tazza di burro o margarina

75 g/3 once/¾ tazza di farina semplice (per tutti gli usi).

75 g/3 once/¾ tazza di fiocchi d'avena

5 ml/1 cucchiaino di cannella in polvere

50 g/2 once/¼ tazza di zucchero demerara

Sbattere il burro o la margarina e il miele fino a ottenere un composto leggero e soffice. Sbattere gradualmente le uova, quindi incorporare la farina. Versare metà del composto in una tortiera da 20 cm unta e livellare la superficie.

Per preparare il crumble, strofinare il burro o la margarina nella farina fino a ottenere un composto che assomigli al pangrattato. Mescolare l'avena, la cannella e lo zucchero. Versare metà del pangrattato nello stampo, quindi ricoprire con il restante composto per torte e poi con il restante pangrattato. Cuocere in forno preriscaldato a 190°C/gas mark 5 per circa 35 minuti, finché uno stecchino infilato al centro non esce pulito. Lasciare raffreddare e poi tagliare in barrette.

Bastoncini di cannella appiccicosi

Sta compiendo 16 anni

225 g/8 oz/2 tazze di farina semplice (per tutti gli usi).

10 ml/2 cucchiaini di lievito in polvere

225 g/8 oz/1 tazza di zucchero di canna morbido

15 ml/1 cucchiaio di burro fuso

250 ml/8 fl oz/1 tazza di latte

30 ml/2 cucchiai di zucchero demerara

10 ml/2 cucchiaini di cannella in polvere

25 g/1 oncia/2 cucchiai di burro, freddo e tagliato a cubetti

Mescolare farina, lievito e zucchero. Unire il burro fuso e il latte e mescolare bene. Versare il composto in due tortiere quadrate da 23 cm/9. Cospargere le cime con zucchero di canna e cannella, quindi premere sulla superficie pezzetti di burro. Cuocere in forno preriscaldato a 180°C/350°F/gas livello 4 per 30 minuti. Il burro farà dei buchi nel composto e risulterà appiccicoso una volta cotto.

Barrette al cocco

Sta compiendo 16 anni

75 g/3 once/1/3 tazza di burro o margarina

100 g/4 oz/1 tazza di farina semplice (per tutti gli usi).

30 ml/2 cucchiai di zucchero semolato (morbido).

2 uova

100 g/4 once/½ tazza di zucchero di canna morbido

Pizzico di sale

175 g/6 once/1 tazza e ½ di cocco essiccato (grattugiato).

50 g/2 once/½ tazza di noci miste tritate

Glassa all'arancia

Strofinare il burro o la margarina nella farina fino a quando il composto non assomiglia al pangrattato. Unire lo zucchero e stenderlo in una teglia (teglia quadrata) non unta da 23 cm/9 quadrati. Cuocere in forno preriscaldato a 190°C/350°F/gas mark 4 per 15 minuti fino a cottura.

Mescolare le uova, lo zucchero di canna e il sale, quindi aggiungere il cocco e le noci e distribuire sulla base. Cuocere per 20 minuti finché non sarà pronto e dorato. Dopo il raffreddamento, glassare con glassa all'arancia. Tagliare a bastoncini.

Bastoncini di sandwich con cocco e marmellata

Sta compiendo 16 anni

25 g/1 oncia/2 cucchiai di burro o margarina

175 g/6 oz/1 tazza e ½ di farina autolievitante (autolievitante).

225 g/8 oz/1 tazza di zucchero semolato (molto fine).

2 tuorli d'uovo

75 ml/5 cucchiai di acqua

175 g/6 once/1 tazza e ½ di cocco essiccato (grattugiato).

4 albumi

50 g/2 once/½ tazza di farina semplice (per tutti gli usi).

100 g/4 oz/1/3 tazza di marmellata di fragole (in scatola)

Strofinare il burro o la margarina nella farina autolievitante, quindi aggiungere 50 g/2 once/¼ di tazza di zucchero. Sbattere i tuorli e 45 ml/3 cucchiai di acqua e incorporarli al composto. Pressare in uno stampo svizzero unto di 30 x 20 cm/12 x 8 e bucherellare con una forchetta. Cuocere in forno preriscaldato a 180°C/350°F/gas mark 4 per 12 minuti. Lasciare raffreddare.

Mettete in una padella il cocco, lo zucchero rimasto, l'acqua e un albume e mescolate a fuoco basso finché il composto non si sarà addensato ma non sarà dorato. Lasciare raffreddare. Mescolare la farina semplice. Montare a neve ben ferma gli albumi rimasti, che poi incorporeremo al composto. Ricoprire la base con la marmellata e poi ricoprire con il topping al cocco. Cuocere in forno per 30 minuti fino a doratura. Lasciare raffreddare nello stampo prima di tagliare in barrette.

Vassoio di datteri e mele

Ne sta facendo 12

1 mela da cucina (torta), sbucciata, senza torsolo e affettata

225 g/8 once/1 1/3 tazze di datteri snocciolati, tritati

150 ml/¼ pt/2/3 tazze di acqua

350 g/12 once/3 tazze di fiocchi d'avena

175 g/6 once/¾ tazza di burro o margarina, sciolto

45 ml/3 cucchiai di zucchero demerara

5 ml/1 cucchiaino di cannella in polvere

Mettete in una padella le mele, i datteri e l'acqua e lasciate cuocere a fuoco lento per circa 5 minuti, finché le mele saranno morbide. Lasciare raffreddare. Mescolare avena, burro o margarina, zucchero e cannella. Versarne la metà in una tortiera unta da 20 cm/8 quadrati e livellare la superficie. Disponete sopra il composto di mele e datteri, poi ricoprite con il restante composto di avena e livellate la superficie. Premere delicatamente. Cuocere in forno preriscaldato a una temperatura di 190 °C/gas numero 5 per circa 30 minuti fino a doratura. Lasciare raffreddare e poi tagliare in barrette.

Tagli di data

Ne sta facendo 12

225 g/8 once/11/3 tazze di datteri snocciolati, tritati

30 ml/2 cucchiai di miele puro

30 ml/2 cucchiai di succo di limone

225 g/8 once/1 tazza di burro o margarina

225 g/8 oz/2 tazze di farina integrale (grano integrale).

225 g/8 once/2 tazze di fiocchi d'avena

75 g/3 once/1/3 tazza di zucchero di canna morbido

Fate bollire i datteri, il miele e il succo di limone a fuoco basso per qualche minuto finché i datteri non saranno morbidi. Strofinare il burro o la margarina nella farina e nell'avena finché il composto non assomiglia al pangrattato, quindi aggiungere lo zucchero. Versare metà del composto in una tortiera da 20 cm/8 quadrati unta e foderata. Distribuite sopra il composto di datteri e poi condite con il restante composto della torta. Premere con decisione. Cuocere in forno preriscaldato a 190°C/375°F/gas mark 5 per 35 minuti finché non sarà elastico al tatto. Lasciare raffreddare nella forma e tagliare a fette ancora calde.

I biglietti per gli appuntamenti della nonna

Sta compiendo 16 anni

100 g/4 once/½ tazza di burro o margarina, ammorbidito

225 g/8 oz/1 tazza di zucchero di canna morbido

2 uova, leggermente sbattute

175 g/6 once/1 tazza e ½ di farina semplice (per tutti gli usi).

2,5 ml/½ cucchiaino di bicarbonato di sodio (bicarbonato di sodio)

5 ml/1 cucchiaino di cannella in polvere

Un pizzico di chiodi di garofano macinati

Un pizzico di noce moscata grattugiata

175 g/6 once/1 tazza di datteri snocciolati, tritati

Sbattere il burro o la margarina e lo zucchero fino a ottenere un composto chiaro e soffice. Aggiungere gradualmente le uova, sbattendo bene dopo ogni aggiunta. Mescolare gli ingredienti rimanenti finché non saranno ben amalgamati. Versare un cucchiaio in una teglia quadrata da 23 cm unta e infarinata e cuocere in forno preriscaldato a 180°C/gas 4 per 25 minuti, finché uno stecchino infilato al centro non uscirà pulito. Lasciare raffreddare e poi tagliare in barrette.

Datteri e barrette d'avena

Sta compiendo 16 anni

175 g/6 once/1 tazza di datteri snocciolati, tritati

15 ml/1 cucchiaio di miele puro

30 ml/2 cucchiai di acqua

225 g/8 oz/2 tazze di farina integrale (grano integrale).

100 g/4 oz/1 tazza di fiocchi d'avena

100 g/4 once/½ tazza di zucchero di canna morbido

150 g/5 once/2/3 tazza di burro o margarina, sciolto

Cuocere a fuoco lento i datteri, il miele e l'acqua in un pentolino finché i datteri non saranno morbidi. Mescolare la farina, l'avena e lo zucchero, quindi incorporare il burro fuso o la margarina. Pressare metà del composto in uno stampo quadrato da torta del diametro di 18 cm/7 unto, cospargerlo con il composto di datteri, versarvi sopra il restante composto di avena e premere leggermente. Cuocere in forno preriscaldato a 180°C/350°F/gas 4 per 1 ora finché non saranno sodi e dorati. Lasciare raffreddare nella forma e tagliare a bastoncini ancora caldi.

Bastoncini di dattero e noce

Ne sta facendo 12

100 g/4 once/½ tazza di burro o margarina, ammorbidito

150 g/5 once/2/3 tazza di zucchero semolato (molto fine).

1 uovo, leggermente sbattuto

100 g/4 oz/1 tazza di farina autolievitante

225 g/8 once/11/3 tazze di datteri snocciolati, tritati

100 g di noci tritate

15 ml/1 cucchiaio di latte (facoltativo)

100 g/4 oz/1 tazza di cioccolato liscio (semidolce).

Sbattere il burro o la margarina e lo zucchero fino a ottenere un composto chiaro e soffice. Incorporate l'uovo, poi la farina, i datteri e le noci, se il composto risultasse troppo duro aggiungete un po' di latte. Versare un cucchiaio in uno stampo svizzero da 30x20 cm unto e cuocere in forno preriscaldato a 180°C/350°F/gas mark 4 per 30 minuti finché non diventa elastico al tatto. Lasciare raffreddare.

Sciogliere il cioccolato in una ciotola resistente al calore posta sopra una pentola di acqua leggermente bollente. Distribuite sul composto e fatelo raffreddare e indurire. Tagliare a bastoncini con un coltello affilato.

Bastoncini di fico

Sta compiendo 16 anni

225 g di fichi freschi, tritati

30 ml/2 cucchiai di miele puro

15 ml/1 cucchiaio di succo di limone

225 g/8 oz/2 tazze di farina integrale (grano integrale).

225 g/8 once/2 tazze di fiocchi d'avena

225 g/8 once/1 tazza di burro o margarina

75 g/3 once/1/3 tazza di zucchero di canna morbido

Fate bollire i fichi, il miele e il succo di limone a fuoco basso per 5 minuti. Lasciare raffreddare leggermente. Mescolare la farina e l'avena, quindi incorporare il burro o la margarina e incorporare lo zucchero. Versare metà del composto in una tortiera quadrata del diametro di 20 cm/8 unta e unta e poi distribuirvi sopra il composto di fichi. Coprire con il restante composto della torta e premere bene. Cuocere in forno preriscaldato a 180°C/350°F/gas 4 per 30 minuti fino a doratura. Lasciare raffreddare nello stampo e poi tagliare a fette ancora calde.

Flapjack

Sta compiendo 16 anni

75 g/3 once/1/3 tazza di burro o margarina

50 g/2 oz/3 cucchiai di sciroppo di mais dorato (mais chiaro).

100 g/4 once/½ tazza di zucchero di canna morbido

175 g/6 once/1 tazza e ½ di fiocchi d'avena

Sciogliere il burro o la margarina con lo sciroppo e lo zucchero, quindi aggiungere l'avena. Pressare in una teglia quadrata da 20 cm unta e cuocere in forno preriscaldato a 180°C/350°F/gas numero 4 per circa 20 minuti, fino a quando saranno leggermente dorati. Lasciare raffreddare leggermente prima di tagliare in barrette e lasciar raffreddare completamente nello stampo prima di sformare.

Flapjack alla ciliegia

Sta compiendo 16 anni

75 g/3 once/1/3 tazza di burro o margarina

50 g/2 oz/3 cucchiai di sciroppo di mais dorato (mais chiaro).

100 g/4 once/½ tazza di zucchero di canna morbido

175 g/6 once/1 tazza e ½ di fiocchi d'avena

100 g/4 oz/1 tazza di ciliegie glacé (candite), tritate

Sciogliere il burro o la margarina con lo sciroppo e lo zucchero, quindi aggiungere l'avena e le ciliegie. Pressare in una tortiera quadrata da 20 cm unta e cuocere in forno preriscaldato a 180°C/350°F/gas numero 4 per circa 20 minuti fino a quando saranno leggermente dorati. Lasciare raffreddare leggermente prima di tagliare in barrette e lasciar raffreddare completamente nello stampo prima di sformare.

Frittelle al cioccolato

Sta compiendo 16 anni

75 g/3 once/1/3 tazza di burro o margarina

50 g/2 oz/3 cucchiai di sciroppo di mais dorato (mais chiaro).

100 g/4 once/½ tazza di zucchero di canna morbido

175 g/6 once/1 tazza e ½ di fiocchi d'avena

100 g/4 oz/1 tazza di gocce di cioccolato

Sciogliere il burro o la margarina con lo sciroppo e lo zucchero, quindi incorporare l'avena e le gocce di cioccolato. Pressare in una tortiera quadrata da 20 cm unta e cuocere in forno preriscaldato a 180°C/350°F/gas numero 4 per circa 20 minuti fino a quando saranno leggermente dorati. Lasciare raffreddare leggermente prima di tagliare in barrette e lasciar raffreddare completamente nello stampo prima di sformare.

Torta della dodicesima notte

Produce una torta da 20 cm/8

225 g/8 oz/1 tazza di burro o margarina, ammorbidito

225 g/8 oz/1 tazza di zucchero di canna morbido

4 uova sbattute

225 g/8 oz/2 tazze di farina semplice (per tutti gli usi).

5 ml/1 cucchiaino di pepe misto macinato (torta di mele).

175 g/6 oz/1 tazza di uva sultanina (uvetta dorata)

100 g/4 once/2/3 tazza di uvetta

75 g/3 once/½ tazza di ribes

50 g/2 once/¼ tazza di ciliegie candite

50 g/2 oz/1/3 tazza di buccia mista tritata (candita).

30 ml/2 cucchiai di latte

12 candele per la decorazione

Sbattere il burro o la margarina e lo zucchero fino a ottenere un composto chiaro e soffice. Sbattere le uova una alla volta, quindi aggiungere la farina, il mix di spezie, la frutta e la scorza e mescolare fino ad ottenere un composto ben amalgamato, aggiungendo se necessario un po' di latte per ottenere un composto morbido. Versatela in una tortiera del diametro di 20 cm unta e foderata e cuocete in forno preriscaldato a 180°C/gas numero 4 per 2 ore, finché uno stecchino infilato al centro non uscirà pulito. Lasciare

Torta di mele al microonde

Rende un quadrato di 23 cm/9

100 g/4 once/½ tazza di burro o margarina, ammorbidito

100 g/4 once/½ tazza di zucchero di canna morbido

30 ml/2 cucchiai di sciroppo di mais dorato (mais chiaro).

2 uova, leggermente sbattute

225 g/8 oz/2 tazze di farina autolievitante

10 ml/2 cucchiaini di pepe macinato misto (torta di mele).

120 ml/4 fl oz/½ tazza di latte

2 mele bollite, sbucciate, senza torsolo e affettate sottilmente

15 ml/1 cucchiaio di zucchero semolato (molto fine).

5 ml/1 cucchiaino di cannella in polvere

Sbattere il burro o la margarina, lo zucchero di canna e lo sciroppo fino a ottenere un composto chiaro e soffice. Sbattere le uova gradualmente. Aggiungete la farina e le spezie e poi aggiungete il latte fino ad ottenere una consistenza morbida. Incorporate le mele. Versare il composto in uno stampo ad anello per microonde (tubo) da 23 cm/9 unto e foderato e cuocere nel microonde a temperatura media per 12 minuti fino a quando non diventa solido. Lasciare riposare per 5 minuti, poi capovolgere e spolverizzare con zucchero a velo e cannella.

Torta di mele al microonde

Produce una torta da 20 cm/8

100 g/4 once/½ tazza di burro o margarina, ammorbidito

175 g/6 once/¾ tazza di zucchero di canna morbido

1 uovo, leggermente sbattuto

175 g/6 once/1 tazza e ½ di farina semplice (per tutti gli usi).

2,5 ml/½ cucchiaino di lievito in polvere

Pizzico di sale

2,5 ml/½ cucchiaino di pimento macinato

1,5 ml/¼ cucchiaino di noce moscata grattugiata

1,5 ml/¼ cucchiaino di chiodi di garofano macinati

300 ml/½ punto/1¼ tazza di salsa di mele non zuccherata (salsa)

75 g/3 once/½ tazza di uvetta

Zucchero a velo (a velo) per spolverare

Sbattere il burro o la margarina e lo zucchero di canna fino a ottenere un composto chiaro e soffice. Sbattere gradualmente l'uovo, quindi mescolare la farina, il lievito, il sale e il pepe alternandoli con la composta di mele e l'uvetta. Versare il composto in una pirofila quadrata da 20 cm/8 unta e infarinata e cuocere nel microonde per 12 minuti a potenza alta. Lasciare raffreddare in una ciotola, quindi tagliare a quadrotti e spolverizzare con zucchero a velo.

Torta di mele e noci al microonde

Produce una torta da 20 cm/8

175 g/6 once/¾ tazza di burro o margarina, ammorbidito

100 g/4 once/½ tazza di zucchero semolato (molto fine).

3 uova, leggermente sbattute

30 ml/2 cucchiai di sciroppo di mais dorato (mais chiaro).

Buccia grattugiata e succo di 1 limone

175 g/6 oz/1 tazza e ½ di farina autolievitante (autolievitante).

50 g di noci tritate

1 mela commestibile (da dessert), sbucciata, senza torsolo e affettata

100 g di zucchero semolato (a velo).

30 ml/2 cucchiai di succo di limone

15 ml/1 cucchiaio di acqua

Metà di noce per la decorazione

Sbattere il burro o la margarina e lo zucchero a velo fino a ottenere un composto chiaro e soffice. Aggiungere gradualmente le uova, poi lo sciroppo, la scorza di limone e il succo. Mescolare la farina, le noci tritate e la mela. Versare il cucchiaio in una pirofila rotonda unta da 20 cm/8 e cuocere nel microonde per 4 minuti a potenza alta. Togliere dal forno e coprire con pellicola. Lasciare raffreddare. Mescolare lo zucchero a velo con il succo di limone e abbastanza acqua per ottenere una glassa liscia (glassa). Spalmare sulla torta e decorare con metà di noce.

Torta di carote al microonde

Produce una torta da 18 cm/7

100 g/4 once/½ tazza di burro o margarina, ammorbidito

100 g/4 once/½ tazza di zucchero di canna morbido

2 uova, sbattute

Buccia grattugiata e succo di 1 arancia

2,5 ml/½ cucchiaino di cannella in polvere

Un pizzico di noce moscata grattugiata

100 g di carota grattugiata

100 g/4 oz/1 tazza di farina autolievitante

25 g/1 oncia/¼ tazza di mandorle tritate

25 g/1 oncia/2 cucchiai di zucchero semolato (molto fine).

Per la farcitura:

100 g/4 once/½ tazza di formaggio cremoso

50 g/2 oz/1/3 tazza di zucchero a velo (a velo), setacciato

30 ml/2 cucchiai di succo di limone

Sbattere il burro e lo zucchero fino a ottenere un composto chiaro e soffice. Sbattere gradualmente le uova, quindi aggiungere il succo d'arancia e la scorza, le spezie e le carote. Mescolare farina, mandorle e zucchero. Versare in una tortiera del diametro di 18 cm/7 imburrata e foderata e coprire con pellicola alimentare (pellicola di plastica). Microonde a temperatura alta per 8 minuti fino a quando uno spiedino inserito al centro risulta pulito. Togliere la pellicola e lasciare riposare per 8 minuti, quindi trasferire su una gratella per completare il raffreddamento. Frullare insieme gli ingredienti per la glassa e spalmarli sulla torta ormai raffreddata.

Torta al microonde con carote, ananas e noci

Produce una torta da 20 cm/8

225 g/8 oz/1 tazza di zucchero semolato (molto fine).

2 uova

120 ml/4 fl oz/½ tazza di olio

1,5 ml/¼ cucchiaino di sale

5 ml/1 cucchiaino di bicarbonato di sodio (bicarbonato di sodio)

100 g/4 oz/1 tazza di farina autolievitante

5 ml/1 cucchiaino di cannella in polvere

175 g di carote, grattugiate

75 g di noci tritate

225 g di ananas tritato con succo

Per la copertura (glassa):

15 g/½ oz/1 cucchiaio di burro o margarina

50 g/2 once/¼ tazza di formaggio cremoso

10 ml/2 cucchiaini di succo di limone

Zucchero a velo (a velo), setacciato

Foderare una grande forma rotonda (forma a tubo) con carta da forno. Sbattere insieme lo zucchero, le uova e l'olio. Incorporate delicatamente gli ingredienti secchi finché non saranno ben amalgamati. Mescolare i restanti ingredienti della torta. Versare il composto nello stampo preparato, posizionarlo su una griglia o su un piatto capovolto e cuocere nel microonde per 13 minuti o finché non si sarà solidificato. Lasciare riposare per 5 minuti, quindi sformare su una gratella a raffreddare.

Nel frattempo preparate la glassa. Metti il burro o la margarina, la crema di formaggio e il succo di limone in una ciotola e cuoci nel microonde a potenza alta per 30-40 secondi. Sbattere gradualmente abbastanza zucchero a velo per creare una consistenza densa e sbattere fino a ottenere una massa soffice. Quando la torta si sarà raffreddata, spalmatela sopra la glassa.

Crusca stagionata nel microonde

Compie 15 anni

75 g/3 once/¾ tazza Crusca integrale

250 ml/8 fl oz/1 tazza di latte

175 g/6 once/1 tazza e ½ di farina semplice (per tutti gli usi).

75 g/3 once/1/3 tazza di zucchero semolato (molto fine).

10 ml/2 cucchiaini di lievito in polvere

10 ml/2 cucchiaini di pepe macinato misto (torta di mele).

Pizzico di sale

60 ml/4 cucchiai di sciroppo di mais dorato (mais chiaro).

45 ml/3 cucchiai di olio

1 uovo, leggermente sbattuto

75 g/3 once/½ tazza di uvetta

15 ml/1 cucchiaio di scorza d'arancia grattugiata

Mettere a bagno i cereali nel latte per 10 minuti. Unisci la farina, lo zucchero, il lievito, il mix di spezie e il sale, quindi aggiungi i cereali. Unire lo sciroppo, l'olio, l'uovo, l'uvetta e la scorza d'arancia. Versare nei pirottini di carta (carta per cupcake) e cuocere nel microonde cinque torte alla volta a velocità Alta per 4 minuti. Ripetere per le torte rimanenti.

Cheesecake con banana e frutto della passione al microonde

Produce una torta di 23 cm/9 di diametro

100 g/4 once/½ tazza di burro o margarina, sciolto

175 g/6 once/1 tazza e ½ di briciole di biscotti allo zenzero

250 g/9 once/1 tazza generosa di crema di formaggio

175 ml/6 fl oz/¾ tazza di panna acida (latte acido).

2 uova, leggermente sbattute

100 g/4 once/½ tazza di zucchero semolato (molto fine).

Buccia grattugiata e succo di 1 limone

150 ml/¼ pt/2/3 tazza di panna da montare

1 banana, tagliata a fette

1 frutto della passione, tritato

Mescolare il burro o la margarina e i biscotti sbriciolati e premere sul fondo e sui lati di una pirofila da microonde da 23 cm/9. Microonde a potenza elevata per 1 minuto. Lasciare raffreddare.

> Sbattere il formaggio cremoso e la panna acida fino a ottenere un composto omogeneo, quindi aggiungere l'uovo, lo zucchero, il succo di limone e la scorza. Versare nella base e distribuire uniformemente. Cuocere a fuoco medio per 8 minuti. Lasciare raffreddare.

Montare la panna a neve ferma, quindi spalmarla sul corpo. Disporre sopra le fette di banana e versarvi sopra la polpa del frutto della passione.

Cheesecake all'arancia cotta nel microonde

Produce una torta da 20 cm/8

50 g/2 once/¼ tazza di burro o margarina

12 cracker digestivi (cracker Graham), tritati

100 g/4 once/½ tazza di zucchero semolato (molto fine).

225 g/8 once/1 tazza di formaggio cremoso

2 uova

30 ml/2 cucchiai di succo d'arancia concentrato

15 ml/1 cucchiaio di succo di limone

150 ml/¼ pt/2/3 tazza di panna acida (latte acido).

Pizzico di sale

1 arancia

30 ml/2 cucchiai di marmellata di albicocche (conserva)

150 ml/¼ pt/2/3 tazza di panna doppia (pesante).

Sciogliere il burro o la margarina in una ciotola adatta al microonde da 20 cm/8 per 1 minuto a velocità Alta. Incorporate i biscotti e 25 g/1 oz/2 cucchiai di zucchero e premete sul fondo e sui lati della ciotola. Sbattere il formaggio con lo zucchero e le uova rimanenti, quindi aggiungere il succo di arancia e limone, la panna acida e il sale. Versare il cucchiaio nella custodia (guscio) e cuocere nel microonde per 2 minuti a potenza alta. Lasciare riposare per 2 minuti, quindi cuocere nel microonde a potenza alta per altri 2 minuti. Lasciare riposare per 1 minuto, quindi cuocere nel microonde a potenza alta per 1 minuto. Lasciare raffreddare.

Sbucciare l'arancia e staccare gli spicchi dalla membrana con un coltello affilato. Sciogliere la marmellata e spalmarla sulla cheesecake. Montare la panna montata attorno al bordo della cheesecake e poi decorare con fettine di arancia.

Cheesecake all'ananas al microonde

Produce una torta di 23 cm/9 di diametro

100 g/4 once/½ tazza di burro o margarina, sciolto

175 g/6 once/1 tazza e ½ di briciole di cracker Graham

250 g/9 once/1 tazza generosa di crema di formaggio

2 uova, leggermente sbattute

5 ml/1 cucchiaino di scorza di limone grattugiata

30 ml/2 cucchiai di succo di limone

75 g/3 once/1/3 tazza di zucchero semolato (molto fine).

400 g/14 once/1 lattina grande di ananas, scolato e tritato

150 ml/¼ pt/2/3 tazza di panna doppia (pesante).

Mescolare il burro o la margarina e i biscotti sbriciolati e premere sul fondo e sui lati di una pirofila da microonde da 23 cm/9. Microonde a potenza elevata per 1 minuto. Lasciare raffreddare.

> Sbattere il formaggio cremoso, le uova, la scorza, il succo di limone e lo zucchero fino ad ottenere un composto omogeneo. Aggiungete l'ananas e versatelo nella base. Microonde a fuoco medio per 6 minuti fino a quando non diventa sodo. Lasciare raffreddare.

Montare la panna a neve ferma, quindi adagiarla sulla cheesecake.

Pane alle ciliegie e noci al microonde

Produce una pagnotta da 900 g/2 libbre

175 g/6 once/¾ tazza di burro o margarina, ammorbidito

175 g/6 once/¾ tazza di zucchero di canna morbido

3 uova sbattute

225 g/8 oz/2 tazze di farina semplice (per tutti gli usi).

10 ml/2 cucchiaini di lievito in polvere

Pizzico di sale

45 ml/3 cucchiai di latte

75 g/3 oz/1/3 tazza di ciliegie glacé (candite).

75 g/3 once/¾ tazza di noci miste tritate

25 g/1 oncia/3 cucchiai di zucchero a velo (a velo), setacciato

Sbattere il burro o la margarina e lo zucchero di canna fino a ottenere un composto chiaro e soffice. Sbattere gradualmente le uova, quindi aggiungere la farina, il lievito e il sale. Mescolare abbastanza latte per ottenere una consistenza morbida, quindi aggiungere le ciliegie e le noci. Versare il composto in una pirofila da microonde da 900 g/2 libbre unta e foderata e cospargere di zucchero. Microonde alla massima potenza per 7 minuti. Lasciare riposare per 5 minuti, quindi sformare su una gratella per completare il raffreddamento.

Torta al cioccolato dal microonde

Produce una torta da 18 cm/7

225 g/8 oz/1 tazza di burro o margarina, ammorbidito

175 g di zucchero semolato (molto fine).

150 g/5 oz/1 ¼ tazza di farina autolievitante

50 g/2 once/¼ tazza di cacao in polvere (cioccolato non zuccherato).

5 ml/1 cucchiaino di lievito in polvere

3 uova sbattute

45 ml/3 cucchiai di latte

Mescolare tutti gli ingredienti e disporli con un cucchiaio in una pirofila da microonde da 18 cm/7 unta e foderata. Microonde a potenza elevata per 9 minuti fino a quando non diventano sodi al tatto. Lasciare raffreddare nel contenitore per 5 minuti, quindi sformare su una gratella per completare il raffreddamento.

Torta al cioccolato e mandorle per il forno a microonde

Produce una torta da 20 cm/8

Per la torta:

100 g/4 once/½ tazza di burro o margarina, ammorbidito

100 g/4 once/½ tazza di zucchero semolato (molto fine).

2 uova, leggermente sbattute

100 g/4 oz/1 tazza di farina autolievitante

50 g/2 oz/½ tazza di cacao in polvere (cioccolato non zuccherato).

50 g/2 once/½ tazza di mandorle tritate

150 ml/¼ pt/2/3 tazza di latte

60 ml/4 cucchiai di sciroppo di mais dorato (mais chiaro).

Per la copertura (glassa):

100 g/4 oz/1 tazza di cioccolato liscio (semidolce).

25 g/1 oncia/2 cucchiai di burro o margarina

8 mandorle intere

Mentre prepari la torta, monta il burro o la margarina e lo zucchero fino ad ottenere un composto chiaro e soffice. Sbattere gradualmente le uova, poi la farina e il cacao e poi le mandorle tritate. Mescolare il latte e lo sciroppo e sbattere fino a ottenere un composto chiaro e morbido. Versare un cucchiaio in una pirofila adatta al microonde da 20 cm/8 cm rivestita con pellicola trasparente (involucro di plastica) e cuocere nel microonde a potenza alta per 4 minuti. Sfornare, coprire la superficie con la pellicola e lasciar raffreddare leggermente, quindi sformare su una gratella a raffreddare.

Per preparare la glassa, sciogliere il cioccolato e il burro o la margarina a temperatura Alta per 2 minuti. Batti bene. Immergere a metà le mandorle nel cioccolato e lasciarle indurire su carta unta (cerata). Coprite la torta con la glassa rimasta e spalmatela sulla parte superiore e sui lati. Decorare con le mandorle e lasciare rapprendere.

Brownies al doppio cioccolato per il microonde

Ne fa 8

150 g/5 oz/1 tazza e ¼ di cioccolato liscio (semidolce), tritato grossolanamente

75 g/3 once/1/3 tazza di burro o margarina

175 g/6 once/¾ tazza di zucchero di canna morbido

2 uova, leggermente sbattute

150 g/5 once/1 tazza e ¼ di farina semplice (per tutti gli usi).

2,5 ml/½ cucchiaino di lievito in polvere

2,5 ml/½ cucchiaino di essenza di vaniglia (estratto)

30 ml/2 cucchiai di latte

Sciogliere 50 g/2 once/½ tazza di cioccolato con burro o margarina a fuoco alto per 2 minuti. Sbattere lo zucchero e le uova, quindi unire la farina, il lievito, l'essenza di vaniglia e il latte fino ad ottenere un composto omogeneo. Versare il cucchiaio in una pirofila unta per microonde da 20 cm/8 quadrati e cuocere nel microonde a potenza alta per 7 minuti. Lasciare raffreddare nel contenitore per 10 minuti. Sciogliere il cioccolato rimanente a temperatura Alta per 1 minuto, quindi distribuirlo sulla superficie della torta e lasciare raffreddare. Tagliare a quadrati.

Barrette di cioccolato e datteri per il forno a microonde

Ne fa 8

50 g di datteri snocciolati, tritati

60 ml/4 cucchiai di acqua bollente

65 g di burro ammorbidito o margarina

225 g/8 oz/1 tazza di zucchero semolato (molto fine).

1 uovo

100 g/4 oz/1 tazza di farina semplice (per tutti gli usi).

10 ml/2 cucchiaini di cacao in polvere (cioccolato non zuccherato).

2,5 ml/½ cucchiaino di lievito in polvere

Pizzico di sale

25 g/1 oncia/¼ tazza di noci miste tritate

100 g/4 oz/1 tazza di cioccolato liscio (semidolce), tritato finemente

Mescolare i datteri con acqua bollente e lasciarli raffreddare. Sbattere il burro o la margarina con metà dello zucchero fino a ottenere un composto chiaro e soffice. Incorporate gradualmente l'uovo, poi alternativamente la farina, il cacao, il lievito, il sale e il composto di datteri. Versare il composto in una pirofila quadrata del diametro di 20 cm/8, imburrata e infarinata. Mescolare lo zucchero rimasto con le noci e il cioccolato e premere delicatamente sopra. Microonde alla massima potenza per 8 minuti. Lasciare raffreddare in una ciotola prima di tagliare a quadrotti.

Quadretti di cioccolato al microonde

Sta compiendo 16 anni

Per la torta:

50 g/2 once/¼ tazza di burro o margarina

5 ml/1 cucchiaino di zucchero semolato (molto fine).

75 g/3 once/¾ tazza di farina semplice (per tutti gli usi).

1 tuorlo

15 ml/1 cucchiaio di acqua

175 g/6 oz/1 tazza e ½ di cioccolato liscio (semidolce), grattugiato o tritato finemente

Per la farcitura:

50 g/2 once/¼ tazza di burro o margarina

50 g/2 once/¼ di tazza di zucchero semolato (molto fine).

1 uovo

2,5 ml/½ cucchiaino di essenza di vaniglia (estratto)

100 g di noci tritate

Per preparare la torta, ammorbidire il burro o la margarina e unirvi lo zucchero, la farina, il tuorlo d'uovo e l'acqua. Distribuire uniformemente il composto in una pirofila per microonde da 20 cm/8 quadrati e cuocere nel microonde per 2 minuti a potenza alta. Cospargere di cioccolato e mettere nel microonde a potenza alta per 1 minuto. Distribuire uniformemente sulla base e lasciare indurire.

Per preparare la glassa, metti nel microonde il burro o la margarina per 30 secondi. Unire gli altri ingredienti per la glassa e spalmare sul cioccolato. Microonde alla massima potenza per 5 minuti. Lasciare raffreddare e poi tagliare a quadretti.

Torta veloce al caffè al microonde

Produce una torta da 19 cm/7

Per la torta:

225 g/8 oz/1 tazza di burro o margarina, ammorbidito

225 g/8 oz/1 tazza di zucchero semolato (molto fine).

225 g/8 oz/2 tazze di farina autolievitante

5 uova

45 ml/3 cucchiai di essenza di caffè (estratto)

Per la copertura (glassa):

30 ml/2 cucchiai di essenza di caffè (estratto)

175 g/6 once/¾ tazza di burro o margarina

Zucchero a velo (a velo), setacciato

Metà di noce per la decorazione

Mescolare tutti gli ingredienti della torta finché non saranno ben amalgamati. Dividere tra due tortiere adatte al microonde da 19 cm/7 e cuocere ciascuna a temperatura alta per 5-6 minuti. Togliere dal microonde e lasciare raffreddare.

Mescolare gli ingredienti per la glassa, dolcificare a piacere con zucchero a velo. Una volta raffreddati, ricoprire i biscotti con metà della glassa e spalmare sopra la restante parte. Guarnire con metà di noce.

www.ingramcontent.com/pod-product-compliance
Lightning Source LLC
Chambersburg PA
CBHW071854110526
44591CB00011B/1412